기술직공무원 전공모의고사

합격해

vol.1

생 물

최종모의고사 ⑩

기술직공무원 전공모의고사

합격해 vol.1
생 물
최종모의고사 ⑩

2판 2쇄   2024년 8월 10일

편저자_ 박태양
발행인_ 원석주
발행처_ 하이앤북
주소_ 서울시 영등포구 영등포로 347 한독타워 11층
고객센터_ 1588-6671
팩스_ 02-841-6897
출판등록_ 2018년 4월 30일 제2018-000066호
홈페이지_ gosi.daebanggosi.com

ISBN_ 979-11-6533-485-7

정가_ 11,000원

기술직 공무원 시험을 준비하는 분들의 고민들 중 하나가 바로 제대로 된 문제집을 선택하는 것입니다. 수험생 여러분의 이러한 고충을 지켜보면서 적중률에 완벽을 기하면서도 핵심적인 내용으로 구성된 문제집을 만들고자 부단히 노력하였습니다.

본교재의 특징은 다음과 같습니다.

1. 출제경향을 반영한 기출동형 모의고사

출제빈도가 높았던 영역과 앞으로 출제 가능성이 높은 부분을 중심으로, 기출의 유형을 최대한 반영한 문제들로 구성하여 스스로 모의시험을 치를 수 있도록 연구하였습니다. 또한 권말의 OMR 답안지를 활용하여 최대한 실제 시험과 같은 환경에서 문제를 풀어보기를 권합니다.

2. 충분한 문제풀이 연습

총 10회의 모의고사를 실어 충분한 문제풀이 연습을 할 수 있도록 하였습니다. 이 책은 시험을 목전에 둔 수험생들에게는 그동안 공부한 내용을 마무리 지을 수 있는 마침표가 될 것입니다. 또한 새로 공부를 시작하는 수험생들에게도 시험의 경향을 파악하고 본인의 실력을 가늠해 볼 수 있는 좋은 길잡이가 될 것입니다.

3. 이해 중심의 확실한 해설

문제 해결 방법을 익힐 수 있도록 이해 중심의 확실한 해설을 수록하였습니다. 틀리지 않은 문제일지라도 해설을 확인한 후 자신이 생각했던 것과 풀이한 내용이 일치하는지 확인하여야 하고, 틀린 문제의 경우 바로 해설을 확인하지 말고 스스로 정답을 다시 찾아본 후 해설을 확인하여 이후에 유사한 문제를 접했을 때 충분히 대비할 수 있도록 해야 합니다.

본 문제집은 인생의 터닝 포인트에 서 있는 여러분의 간절함과 긴박함을 돕고 싶은 마음의 표현이기도 합니다. 무엇보다 뜨거운 열정으로 합격이라는 도착점에 도달할 때까지 길고 긴 여정을 묵묵히 걸어가는 수험생 여러분들께 진심 어린 격려의 박수를 아낌없이 보내 드리며, 건승하시길 진심으로 바랍니다.

'전공모의고사 합격해' 저자 일동

Point 1

출제경향을 반영한 기출동형 모의고사!

과년도 출제경향을 꼼꼼히 분석하여
기출동형으로 구성한 모의고사 문제집입니다.
출제가능성이 높고 핵심적인 문제들로
구성하였습니다.

Point 2

이해중심의 확실한 해설!

이해 중심의 확실한 해설로
문제 해결 방법과 전략을 익힐 수 있고
틀린 문제의 원인을 확실하게 파악하고
넘어갈 수 있도록 집필하였습니다.

Point 3

답안지 작성 연습까지 완벽하게!

공무원 시험은 시간 배분이 중요합니다.
권말에 수록한 OMR 답안지를 활용하여
실전과 같은 시험시간 안에
답안지 작성 연습까지 진행하세요.

Contents
차례

합격해

생물

전공모의고사

vol.1

문제편

제1회 최종모의고사

01. 세포호흡 과정에서 숙신산(석신산)을 지속적으로 공급하면서 저해제 A를 처리하였지만 ATP는 계속 합성되었다. 이 저해제 A는 무엇인가?

① 시안화물(CN^-)
② 로테논
③ 올리고마이신
④ 다이나이트로페놀(DNP)

02. 다음 중 우성 유전병은?

① 알비노증(백색증)
② 낭포성 섬유증
③ 테이-삭스병
④ 헌팅턴 무도병

03. 다음은 식물의 생활사를 순서대로 나열한 것이다. 다음 중 반수체인 단계로 옳은 것은?

> 접합자 → 포자체 → 포자낭 → 포자 → 배우체 → 배우자 → 수정(접합) → 접합자

① 접합자
② 포자체
③ 포자낭
④ 배우체

04. 그람 염색법에 대한 설명으로 옳지 않은 것은?

① 크리스탈 바이올렛을 처리하면 세포가 보라색으로 염색한다.
② 요오드 용액($KI-I_2$)을 처리함으로써 염색을 착색시킨다.
③ 그람음성균의 경우 에탄올을 처리하면 크리스탈 바이올렛을 탈색시킨다.
④ 사프라닌을 처리하면 그람양성균이 붉은색으로 염색된다.

05. 다음의 자료를 보고 유전자 지도의 순서를 올바르게 나타낸 것은?

> a, b: 11%   a, c: 10%   b, d: 7%   d, c: 14%

① a-b-c-d
② b-d-a-c
③ c-d-b-a
④ d-a-b-c

06. 오줌생성과 관련된 호르몬에 대한 설명이다. 이에 대한 설명으로 옳은 것은?

> ㄱ. 혈압이 높아지면 레닌에 의해 안지오텐신Ⅱ는 신장에서 NaCl의 재흡수를 촉진한다.
> ㄴ. 항이뇨 호르몬(ADH)은 수송상피 세포막 표면의 아쿠아포린의 양을 증가시켜 물의 재흡수를 촉진시킨다.
> ㄷ. 큰 출혈이 일어난 경우 혈압이 낮아지면 ADH의 분비가 증가하게 된다.
> ㄹ. ANP(ANF)는 RAAS와 반대작용(효과)을 한다.

① ㄱ, ㄷ ② ㄱ, ㄹ
③ ㄴ, ㄷ ④ ㄴ, ㄹ

07. 남성의 생식 기관과 기능에 대한 설명 중 옳지 않은 것은?

① 세정관에 존재하는 레이디히 세포(Leydig cell)는 테스토스테론(testosteron)을 생성한다.
② FSH에 의해 세르톨리 세포(sertoli cell)가 자극되어 정자에 영양을 제공한다.
③ 쿠퍼선(쿠퍼샘)에서 점액성 물질이 분비되어 산성의 요도를 중화시킨다.
④ 정자는 정낭(seminal)에서 운동 능력을 갖추고 성숙된다.

08. 다음은 빛의 파장이 잎의 기공 개폐 조절에 미치는 영향을 알아보기 위한 실험이다. (단, 실험에서 적색광을 조사하는 것은 광합성을 포화시켜 광합성에 의한 기공 열림을 제한시키기 위한 처리이다.)

> [실험 Ⅰ]
> 적색광이 조사되고 있는 잎의 표피에 30초 동안 청색광을 비춘다.
>
> [실험 Ⅱ]
> 적색광이 조사되고 있는 잎의 표피에 30초 동안 청색광을 비춘 후 즉시 녹색광을 30초 동안 비춘다.
>
> [실험 Ⅲ]
> 실험 Ⅱ와 같은 방법으로 청색광-녹색광-청색광의순서로 각각 30초씩 비춘다.
> 각각의 실험 결과는 다음 그래프와 같다.

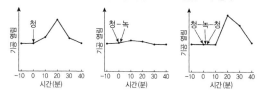

이에 대한 설명으로 옳은 것을 모두 고르면?

> ㄱ. 공변세포막의 ATPase 활성이 증가하는 것은 실험 Ⅰ, Ⅲ이다.
> ㄴ. 잎의 기공 개폐 조절에 영향을 미치는 빛은 청색광이다.
> ㄷ. 제아잰틴(zeaxanthin) 결핍(npq1돌연변이체)을 이용하여 실험 Ⅰ~Ⅲ을 처리하면 모두 실험 Ⅱ와 같은 결과가 나타날 것이다.

① ㄴ ② ㄱ, ㄴ
③ ㄱ, ㄷ ④ ㄱ, ㄴ, ㄷ

09. 다음 중 비타민 종류를 잘못 짝지은 것은?

① 수용성 비타민 – 아스코르브산
② 수용성 비타민 – 필로퀴논
③ 지용성 비타민 – 레티놀
④ 지용성 비타민 – 칼시페롤

10. 두 개의 대립 유전자 A와 a를 가지는 1000마리의 개체군 집단에서 40마리가 열성 형질을 보인다. 대립 유전자 A는 a에 대해 완전 우성이며 하디-바인베르크 법칙을 만족하는 멘델집단이다. 이때 이 집단에서 보인자인 개체의 수는?

① 620   ② 520
③ 420   ④ 320

11. 로지스트형 생장곡선을 나타내는 개체군의 환경 수용력은 600이고, 개체군 크기가 300이며, r_{max} 가 0.2이다. dN/dt의 값으로 옳은 것은?

① 0.1   ② 6
③ 30   ④ 300

12. 세포의 연접에 대한 설명으로 옳은 것은?

① 간극연접은 세포 간 공간을 통한 분자 이동을 막는다.
② 부착연접은 식물의 원형질 연락사와 동일한 기능을 한다.
③ 밀착연접은 소화간 속의 내용물이 새어나가지 못하게 한다.
④ 데스모좀은 단백질 복합체인 코넥손(connexon)으로 이루어져 있다.

13. 다음은 DNA 염기서열을 분석한 실험 내용이다.

〈실험방법〉
• 뉴클레오타이드 혼합물 (가)~(라) 각각을 서열분석 대상 DNA, 형광표지를 한 DNA 프라이머와 섞어 DNA 중합효소와 반응시킨다. (단, ddNTP는 dNTP에 비해 소량만 첨가한다.)

• 뉴클레오타이드 혼합물:
(가) ddNTP, dATP, dGTP, dCTP, dTTP
(나) ddATP, dATP, dGTP, dCTP, dTTP
(다) ddTTP, dATP, dGTP, dCTP
(라) ddCTP, ddGTP, dATP, dGTP, dCTP, dTTP
• 전기영동을 수행하고 형광밴드를 확인한다.

〈실험결과〉
(가)와 (나)를 사용한 실험결과는 다음과 같다.

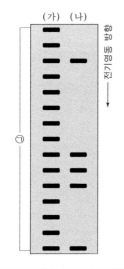

이에 대한 설명으로 옳은 것을 모두 고르면?

ㄱ. ddNTP를 사용하는 이유는 3번 탄소에 –H를 가지고 있어 3′ 방향으로 더 이상 사슬이 신장되지 않고 반응이 종결되도록 하기 위해서이다.
ㄴ. (다)를 사용했을 때 4개의 밴드를 관찰할 수 있다.
ㄷ. (라)를 사용했을 때 6개의 밴드를 관찰할 수 있다.

① ㄷ   ② ㄱ, ㄴ
③ ㄱ, ㄷ   ④ ㄱ, ㄴ, ㄷ

14. C_3, C_4, CAM 식물의 CO_2 최초 고정 산물로 옳게 짝지은 것은?

	C_3	C_4	CAM
①	피루브산	옥살아세트산	옥살아세트산
②	인산글리세르산	인산글리세르산	옥살아세트산
③	옥살아세트산	옥살아세트산	인산글리세르산
④	인산글리세르산	옥살아세트산	옥살아세트산

15. 다음 그림 (가)는 시냅스로 연결된 두 개의 뉴런을, (나)는 (가)의 특정 부위에 역치 이상의 자극을 주었을 때 $d_1 \sim d_3$ 중 한 지점의 시간에 따른 막전위를 표현한 것이다. 이에 대한 설명으로 옳은 것은?

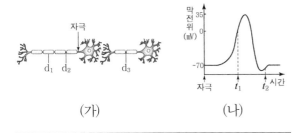

(가)   (나)

> ㄱ. (나)는 (가)의 역치 이상의 자극을 준 후 d_2에서의 막전위 변화를 나타낸 것이다.
> ㄴ. t_2 이후 d_1 지점에서 활동전위가 나타난다.
> ㄷ. t_1일 때 d_3 지점에서 Na^+ 통로를 통해 Na^+이 세포 내부로 확산되어 유입된다.
> ㄹ. t_1일 때 d_2 지점에서 Na^+의 농도는 세포 외부가 내부보다 높다.

① ㄱ, ㄷ   ② ㄱ, ㄹ
③ ㄴ, ㄷ   ④ ㄴ, ㄹ

16. 그림은 대립 유전자 A와 A*로 결정되는 어떤 유전병에 대한 가계도를 나타낸 것이다. 1번과 2번의 유전병에 대한 유전자형이 동일하다. A는 A*에 대해 완전 우성이다. 다음 설명 중 옳은 것은?

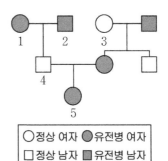

○정상 여자 ●유전병 여자
□정상 남자 ■유전병 남자

> ㄱ. 유전병은 우성 유전한다.
> ㄴ. A* 유전자를 가진 사람은 총 7명이다.
> ㄷ. 5의 동생이 태어날 때, 유전병인 딸이 태어날 확률은 $\frac{1}{2}$이다.
> ㄹ. 2와 5가 가진 유전자형은 동일하다.

① ㄱ, ㄷ   ② ㄱ, ㄹ
③ ㄴ, ㄷ   ④ ㄴ, ㄹ

17. 그림(가)와 (나)는 각각 핵상이 2n=?인 어떤 식물 X의 핵 1개당 DNA량에 따른 세포분열 과정의 일부를 나타낸 것이다. Ⅱ는 Ⅲ보다 염색체 수가 더 많다.

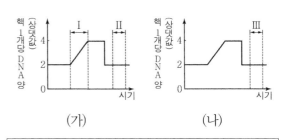

(가)   (나)

> ㄱ. Ⅰ의 과정에서 염색체가 관찰된다.
> ㄴ. (가)는 체세포 분열 과정이다.
> ㄷ. Ⅱ 시기 세포와 Ⅲ 시기 세포의 핵상은 동일하다.
> ㄹ. (나)에서는 2가 염색체가 관찰된다.

① ㄱ, ㄷ   ② ㄱ, ㄹ
③ ㄴ, ㄷ   ④ ㄴ, ㄹ

18. 다음 중 천이 진행과정에 대한 설명으로 옳지 않은 것은?

① 천이의 첫 번째 군집을 개척자라고 하며, 습성 천이의 개척자는 습원이다.
② 천이 과정의 양수림 단계에서 양수 묘목의 피도는 음수 묘목의 피도 보다 크다.
③ 천이가 진행 될수록 지표에 닿는 단위 면적 당 빛의 양은 점차 감소한다.
④ 천이가 진행 될수록 종 다양성은 감소하거나 안정화 된다.

19. 다음 세균의 DNA 복제에 관한 설명으로 옳은 것은?

① 여러 곳의 복제 원점에서 복제 분기점이 형성되어 복제를 시작한다.
② 뉴클레오사이드 3인산이 가수분해효소에 의해 인산 1분자의 형태로 떨어져나가며 중합된다.
③ 활주 클램프는 DNA 중합효소를 도와서 원활한 진행을 할 수 있도록 하며, 오카자키 절편이 형성되면 중합효소를 방출시킨다.
④ DNA 복제의 반복으로 인해 손상되는 부분을 방지하기 위해 텔로미어가 존재한다.

20. 다음은 생식적 격리 메커니즘에 대한 설명이다. 설명에 대한 생식적 장벽을 잘못 연결한 것은?

(가) 양과 염소는 교배를 통해 수정이 되지만 배아기 시기 때를 넘지 못하고 사멸한다.
(나) 암말과 수탕나귀 사이의 교배를 통해 노새가 태어나지만 다음 세대를 낳을 수 있는 능력이 없다.
(다) 북아메리카 동부 얼룩스컹크와 서부 얼룩스컹크는 지리적 분포가 겹치지만 동부 얼룩 스컹크는 늦겨울에 짝을 찾고 서부 얼룩 스컹크는 늦여름에 짝을 찾는다.
(라) 갈라파고스 푸른 발 가마우지들은 짝짓기 시기가 오면 수컷이 발을 높이 들며 걷는데 이때 암컷이 수컷의 밝은 파란색 발을 보고 짝을 결정하게 된다.

① (가): 잡종 붕괴(잡종 와해)
② (나): 잡종 생식 능력 약화(잡종 불임)
③ (다): 시간적 격리
④ (라): 행동적 격리

제2회 최종모의고사

응시번호_____ 성명_____ 점수_____점

01. 다당류에 대한 설명으로 옳은 것을 모두 고른 것은?

> ㄱ. 물에 녹지 않고 단맛이 나지 않는다.
> ㄴ. 녹말은 식물성 저장 탄수화물로 $\alpha(1-4)$결합으로 연결 되어 있다.
> ㄷ. 셀룰로스는 $\beta(1-4)$결합으로 이루어지며 세포벽의 구성 물질이다.
> ㄹ. 키틴은 $\alpha(1-4)$결합으로 이루어지며 질소가 포함된 작용기를 가진다.

① ㄱ, ㄴ, ㄷ   ② ㄱ, ㄴ, ㄹ
③ ㄱ, ㄷ, ㄹ   ④ ㄴ, ㄷ, ㄹ

02. 다음은 세포벽이 제거된 식물 세포를 현탁액으로 만들어 세포 소기관을 분리하는 실험을 진행하였다. 이에 대한 설명으로 옳은 것을 모두 고른 것은?

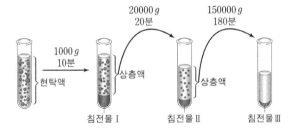

> ㄱ. 침전물 I 에는 셀룰로오스가 있다.
> ㄴ. 침전물 II 세포 소기관에는 원형 DNA가 발견된다.
> ㄷ. 침전물 III에는 물질대사가 가능한 세포 소기관이 존재한다.

① ㄴ   ② ㄴ, ㄷ
③ ㄱ, ㄷ   ④ ㄱ, ㄴ, ㄷ

03. 다음은 기질 농도에 따른 효소의 반응 속도에 대한 그래프이다. ⓐ와 ⓑ는 경쟁적 저해제가 있는 것과 없는 것 중 하나이다. 이에 대한 설명으로 옳은 것을 모두 고른 것은?

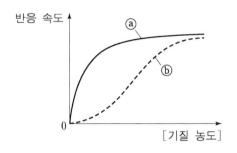

> ㄱ. ⓐ는 경쟁적 저해제가 있는 상태의 그래프이다.
> ㄴ. 최대 반응 속도($V_{\max}$)는 기질 농도가 충분히 많다면 동일해진다.
> ㄷ. ⓐ의 Km 값은 ⓑ의 Km 값에 비해 작다.

① ㄱ   ② ㄴ
③ ㄷ   ④ ㄴ, ㄷ

04. 다음 그림 (가)는 어떤 사람의 체세포 주기를, 그림 (나)는 이 세포 주기에서 관찰되는 세포 A와 B의 모습과 염색체 일부를 나타낸 것이다. 세포 분열에 관한 설명으로 옳은 것을 모두 고른 것은? (단, 돌연변이나 교차는 고려하지 않는다.)

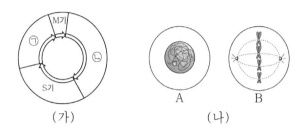

(가)   (나)

ㄱ. (가)의 ㉠에서 (나)의 A가 관찰된다.

ㄴ. ㉡은 세포의 생장이 이루어지는 시기이다.

ㄷ. 세포 A가 감수분열 결과 정상적인 생식세포가 형성되었을 때,
$\dfrac{\text{정상 생식세포의 상염색체 수}}{B\text{의 성염색체 수}} = \dfrac{1}{2}$ 이다.

① ㄱ   ② ㄷ
③ ㄱ, ㄴ   ④ ㄱ, ㄴ, ㄷ

05. 다음 자료는 부모 (가)와 (나) 사이에 태어난 남성 A에 관한 자료이다.

- (가)와 (나)는 적록색맹에 대해 정상이며 염색체 수는 정상이다.
- (가)와 (나) 중 한명에서만 생식 세포 분열 과정에서 성염색체의 비분리가 1회 발생하였다.
- 다음 표는 그에 대한 자료이다.

생식 세포	성염색체	적록 색맹 유전자
난자 ㉠	있음	없음
난자 ㉡	있음	있음
난자 ㉢	없음	없음
정자 ㉣	있음	없음
정자 ㉤	없음	없음

- 난자 ㉠, ㉡, ㉢ 중 하나와 정자 ㉣, ㉤ 중 하나가 수정되어 남성 A가 태어났다.
- 남성 A는 적록 색맹이다.

이 자료에서 남성 A가 태어날 때 수정된 난자와 정자, 비분리 세포를 올바르게 짝지은 것은? (단, (가)와 (나)에서 일어난 염색체 비분리 이외의 다른 돌연변이와 교차는 고려하지 않는다.)

	난자	정자	비분리 세포
①	㉠	㉣	난자 세포 1분열
②	㉡	㉤	정자 세포 1분열
③	㉡	㉣	난자 세포 2분열
④	㉢	㉤	정자 세포 2분열

06. 다음은 MHC 발현 유무에 따른 생쥐의 종양세포 ㉠과 ㉡의 변화에 관한 실험이다. 이 실험을 통해 알 수 있는 사실로 옳은 것은?

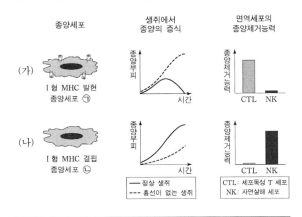

ㄱ. (가)에서 종양세포 ㉠의 MHC Ⅰ은 CTL의 CD8과 결합한다.
ㄴ. NK 세포는 선천적 면역 작용에 관여한다.
ㄷ. 위 실험에 따르면 정상 생쥐 면역세포의 종양 제거능력은 CTL에 비해 NK가 더 뛰어나다.
ㄹ. CTL은 퍼포린과 그랜자임을 통해 종양세포를 파괴한다.

① ㄱ, ㄴ　　　　　② ㄷ, ㄹ
③ ㄴ, ㄹ　　　　　④ ㄱ, ㄴ, ㄹ

07. 다음 그림 (가)는 혈액형이 서로 다른 가족의 가계도를 그림 (나)는 혈액형이 AB형인 사람 4의 어떤 혈구 세포 ㉠의 핵형 분석 결과를 나타낸 것이다. 이에 대한 설명으로 옳은 것은? (단, 교차는 고려하지 않는다.)

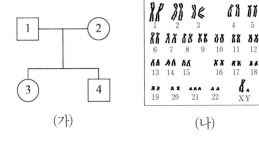

(가)　　　　　　　(나)

ㄱ. 혈구 ㉠은 항 A형 혈청에 응집된다.
ㄴ. 1의 혈액형 유전자형은 이형접합이다.
ㄷ. 사람 4는 터너 증후군을 나타낸다.
ㄹ. 1과 2의 혈액을 서로 섞으면 응집 반응이 일어난다.

① ㄱ, ㄴ　　　　　② ㄴ, ㄷ
③ ㄴ, ㄹ　　　　　④ ㄱ, ㄹ

08. 다음 그림의 (가)와 (나)는 각각 뇌하수체 전엽과 후엽을 순서 없이 나타낸 것이다. 이에 대한 설명으로 옳은 것은?

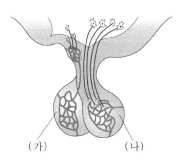

(가)　　　　　　　(나)

ㄱ. (가)는 뇌하수체 전엽, (나)는 후엽이다.
ㄴ. (가)에서 자극 호르몬이 분비된다.
ㄷ. (나)에서 방출되는 호르몬 중에 양성 피드백을 하는 물질이 있다.
ㄹ. ADH는 콩팥에 작용하여 혈장 삼투압을 높인다.

① ㄱ, ㄴ　　　　　② ㄱ, ㄷ
③ ㄱ, ㄴ, ㄷ　　　④ ㄴ, ㄷ, ㄹ

09. 다음 개체군 간 상호작용에 대한 옳은 설명을 모두 고른 것은?

> ㄱ. 수심이 얕은 곳의 은어의 세력권 다툼인 텃세
> ㄴ. 콩과식물과 질소고정세균의 상리공생
> ㄷ. 맛 좋고 해가 없는 종이 맛없고 해로운 종을 흉내 내는 뮐러 의태
> ㄹ. 식물이 주변에 화학물질을 분비해 다른 식물의 성장을 억제 하는 타감 작용

① ㄱ, ㄴ
② ㄷ, ㄹ
③ ㄴ, ㄹ
④ ㄱ, ㄴ, ㄹ

10. 물의 부영양화와 관련된 내용으로 옳지 않은 것은?

① 다량의 유기물이 유입되면 BOD를 증가시키고 호기성 세균의 유기물 분해로 DO가 감소한다.
② 부영양화로 인한 수온 상승은 남세균(또는 녹조류)가 증가하여 녹조현상이 발생한다.
③ 녹조 현상은 조류의 사체 증가를 야기해 빛의 투과도를 감소시킨다.
④ 인간의 활동에 의해 하천이 오염될 때 문제가 되는 부영양화 요소는 질산염과 탄산염의 축적이다.

11. 세포막 수용체 중 G 단백질 결합 수용체에 대한 설명으로 옳지 않은 것은?

① 세포 표면에 α나선이 일곱 개 있는 원기둥 형태이다.
② G 단백질 결합 수용체에 신호 물질이 결합하면 G 단백질이 결합 후 분리된다.
③ GTP가 떨어지고 GDP가 결합해 G 단백질이 활성화된다.
④ 활성화된 G 단백질은 효소를 활성화 시켜 세포 내 반응을 일으킨다.

12. 해당과정과 발효에 관한 설명으로 옳은 것을 모두 고르시오.

> ㄱ. 피루브산이 아세틸−CoA로 전환 될 때 CO_2와 ATP가 방출 된다.
> ㄴ. 알코올 발효 과정에서 CO_2가 생성된다.
> ㄷ. 산소가 부족한 상태의 근육세포는 피루브산의 산화를 통해 NAD^+를 얻을 수 있다.
> ㄹ. 해당과정의 인산과당 인산화 효소(PFK)는 알로스테릭 조절 효소의 기능을 가진다.

① ㄱ, ㄴ
② ㄱ, ㄷ
③ ㄴ, ㄹ
④ ㄷ, ㄹ

13. C_3 식물과 C_4 식물을 비교한 내용 중 옳지 않은 것은?

	특성	C_3	C_4
①	잎의 구조	엽육세포 발달	유관속초 세포 발달
②	최초 광합성 산물	옥살아세트산	3−PG
③	주 서식지 환경	온대지역	고온 건조 지역
④	광포화점	낮다	높다

14. 다음 그림 (가)와 (나)는 진핵생물의 DNA 복제와 RNA 전사를 순서 없이 나타낸 것이다. 설명 중 옳은 것은?

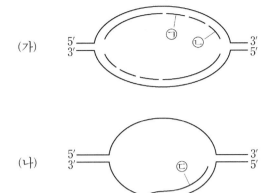

(가)

(나)

ㄱ. (가)는 DNA 복제, (나)는 RNA 전사이다.
ㄴ. (가)에서 ㉠보다 ㉡이 먼저 만들어진 오카자키 가닥이다.
ㄷ. (나)에서 아데닐산 중합반응 신호(AAUAAA)를 만나면 종결이 일어난다.

① ㄱ, ㄴ   ② ㄱ, ㄷ
③ ㄴ, ㄷ   ④ ㄱ, ㄴ, ㄷ

15. 다음 그림은 에이버리의 실험 일부를 나타낸 것이다. Ⅰ과 Ⅱ는 각각 R형균과 S형균 중 하나이고, ㉠과 ㉡은 각각 DNA 분해 효소와 RNA 분해 효소 중 하나이다. 이에 대한 설명으로 옳은 것은?

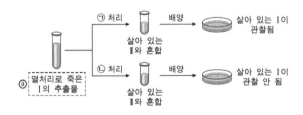

ㄱ. ⓐ에는 DNA가 있다.
ㄴ. Ⅱ는 S형균이다.
ㄷ. ㉡은 DNA 분해 효소이다.

① ㄱ, ㄴ   ② ㄱ, ㄷ
③ ㄴ, ㄹ   ④ ㄷ, ㄹ

16. 다음 그림은 바이러스 X가 숙주 내부로 들어가 증식하는 과정의 일부를 나타낸 것이다. 이에 대한 설명 중 옳은 것은?

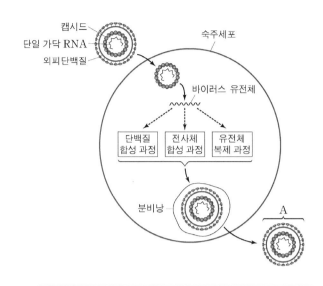

ㄱ. 숙주세포에 침입하는 바이러스 X의 예시는 코로나 바이러스가 있다.
ㄴ. 단백질 합성 과정을 통해 RNA 복제 효소를 합성 할 수 있다.
ㄷ. A는 바이로이드(비로이드, viroid)이다.

① ㄱ   ② ㄴ
③ ㄱ, ㄴ   ④ ㄴ, ㄷ

17. DNA 기술에 대한 설명으로 옳은 것은?

ㄱ. 서던 블로팅(southern blotting)을 통해 RNA 절편의 유무를 검정 할 수 있다.
ㄴ. 역분화 줄기세포는 배아 세포에서 조절 유전자를 도입해 다양한 분화 능력을 갖는 줄기세포이다.
ㄷ. 제한효소 길이 다형성(RFLP)은 특정 DNA 부분의 기능을 확인 할 수 있다.
ㄹ. DNA를 제한효소로 처리하여 만들어진 유전자 절편의 클론을 모아놓은 집합을 유전자 도서관이라고 한다.

① ㄱ, ㄴ, ㄷ   ② ㄴ, ㄹ
③ ㄷ, ㄹ   ④ ㄹ

18. 표는 생물 4종(A~D)의 학명과 과명을 나타낸 것이다. 이에 대한 설명으로 옳은 것을 모두 고른 것은?

종	학명	과명
A	*Anabaena circinalis*	염주말과
B	*Anabaena variabilis*	염주말과
C	*Philautus variabilis*	산청개구리과
D	*Mola mola* Linné	개복치과

ㄱ. A와 B는 같은 목에 속한다.
ㄴ. D의 학명은 2명법을 이용하였다.
ㄷ. B와 C는 동일한 종이다.

① ㄱ
② ㄱ, ㄴ
③ ㄷ
④ ㄴ, ㄷ

19. 다음 4가지 생물 A~D에 대한 자료이다. A~D는 우산이끼, 유글레나, 아메바, 붉은빵곰팡이를 순서 없이 나타낸 것이다. 이에 대한 설명 중 옳지 않은 것은?

• A와 C는 분열법 생식이 가능하다.
• B와 D는 세포벽을 가진다.
• C와 D는 광합성을 하지 않는다.

① A는 엽록소 a와 b를 가진다.
② B의 포자체보다 배우체가 더 발달했다.
③ C는 위족운동을 통해 이동한다.
④ D는 접합균류이다.

20. 다음 그림은 쌍떡잎식물의 뿌리 단면도를 나타낸 것이다. (가)~(다)는 뿌리털, 피층, 관다발 기둥을 순서 없이 나타낸 것이다. 이에 대한 설명 중 옳은 것은?

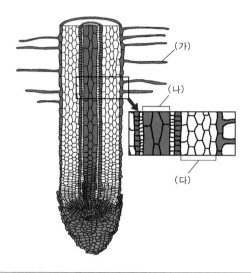

ㄱ. (가)는 표면적을 넓혀 물 흡수에 용이하게 한다.
ㄴ. (나)의 내초에서 곁뿌리가 생겨난다.
ㄷ. (다)는 물과 무기양분을 뿌리 중앙으로 수송한다.

① ㄱ, ㄴ
② ㄴ, ㄷ
③ ㄱ, ㄷ
④ ㄱ, ㄴ, ㄷ

제3회 최종모의고사

응시번호 _____ 　성명 _____ 　　　점수 _____ 점

---

01. 지질에 대한 설명으로 옳은 것을 모두 고른 것은?

> ㄱ. 구성 원소는 C, H, O이다.
> ㄴ. 중성 지방은 1분자의 지방산과 3분자의 글리세롤로 구성되어 있다.
> ㄷ. 세포막 구성 성분으로 스테로이드성 물질이 존재한다.
> ㄹ. 에너지로 사용될 때 글리세롤 분자는 G3P 형태로 해당과정으로 유입된다.

① ㄱ, ㄴ 　　　　　② ㄱ, ㄷ
③ ㄱ, ㄷ, ㄹ 　　　④ ㄴ, ㄷ, ㄹ

02. 다음 그림은 식물세포를, 표는 이 식물 세포에 존재하는 (가)~(라)의 특징을 나타낸 것이다. (가)~(라)는 각각 A~D 중 하나이며, A~D는 리보솜, 미토콘드리아, 엽록체, 핵 중에 하나이다. 설명 중 옳은 것을 모두 고른 것은?

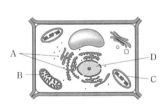

구분	특징
(가)	인이 있음
(나)	O_2 소모
(다)	CO_2 소모
(라)	단백질 합성

> ㄱ. A~D 모두에 핵산이 존재한다.
> ㄴ. (라)가 번역 중에 SRP와 결합하면 잠시 폴리펩타이드 합성이 중단된다.
> ㄷ. (나)와 (다)의 내부에는 (라)가 없다.
> ㄹ. A가 붙은 소포체는 자신의 세포에게 필요한 세포막(인지질막)을 합성 할 수 있다.

① ㄱ, ㄷ 　　　　　② ㄴ, ㄷ
③ ㄷ, ㄹ 　　　　　④ ㄱ, ㄴ, ㄹ

03. 다음은 실험과정의 일부이다.

> [실험 과정]
> • 어떤 효소가 들어있는 용액을 반투과성 막 주머니에 넣는다.
> • 물을 담은 비커에 반투성 막 주머니를 넣어 충분한 시간 동안 투석 시킨다.
> • 그 후 A: 반투과성 막 주머니를 꺼내어 내부의 물질을 효소 반응이 있는지를 확인해본다.
> • 마찬가지로 B: 비커 속에 담긴 물 또한 효소 반응이 있는지를 확인해본다.

> [실험 결과]
>
> | 물질 | 효소 반응 결과 |
> |------|------|
> | A + 반응물 | × |
> | B + 반응물 | × |
> | A + B + 반응물 | ○ |
> | 끓인 A + B + 반응물 | × |
>
> (○: 일어남, ×: 일어나지 않음)

설명 중 옳은 것을 모두 고른 것은?

> ㄱ. A는 보조인자, B는 주효소이다.
> ㄴ. A+끓인 B+반응물은 효소 반응이 일어난다.
> ㄷ. A의 예로 NAD$^+$(nicotinamide adenine dinucleotide)가 있다.

① ㄱ 　　　　　② ㄴ
③ ㄷ 　　　　　④ ㄴ, ㄷ

04. 그림 (가)는 어떤 동물의 체세포 분열의 세포 당 DNA에 따른 세포수를, (나)는 이 동물의 체세포 주기를 나타낸 것이다. ㉠~㉢은 G_1기, G_2기, S기 중 하나이다. 설명 중 옳은 것을 모두 고른 것은?

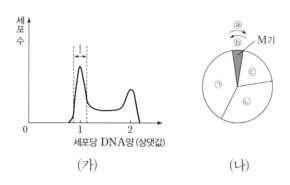

(가)   (나)

```
ㄱ. 회전 방향은 ⓐ이다.
ㄴ. 핵형 분석에 가장 좋은 시기는 Ⅰ의 세포들
    이다.
ㄷ. M기에 후기촉진인자(APC)는 세큐린에 유
    비퀴틴을 결합시켜서 세큐린이 분해되도록
    한다.
```

① ㄱ   ② ㄴ
③ ㄷ   ④ ㄴ, ㄷ

05. 다음은 어느 동물의 유전적 특성에 관한 자료이다.

```
• 동물의 털색 유전자는 A, a, B, b에 의해, 대
  문자의 개수에 의해 털색이 결정된다.
• 털색 유전자는 모두 서로 다른 염색체 상에 존
  재한다.
• AABB는 검은색 털을, aabb는 흰색 털을 가
  지고 대문자의 개수가 많을수록 더 어두운 색
  을 나타낸다.
• 검은색 털의 개체와 흰색 털의 개체가 서로 교
  배하여 ⓐ 갈색 털(AaBb)인 자손이 태어났다.
```

이 ⓐ의 한 개체를 자가 교배한 결과 ⓐ의 표현형 보다 더 어두운 색을 가진 자손이 태어날 확률은? (단, 교차나 돌연변이는 발생하지 않았다.)

① $\dfrac{1}{2}$ ② $\dfrac{1}{3}$

③ $\dfrac{3}{16}$ ④ $\dfrac{5}{16}$

06. 동물의 구성 체계 중 조직에 대한 설명으로 옳지 않은 것은?

① 상피조직 – 외부 환경으로 보호 및 물질 분비의 기능이 있다.
② 결합조직 – 틈을 매우거나, 지지하는 기능으로 뼈 조직, 지방 조직, 혈관 등이 있다.
③ 근육조직 – 골격근, 평활근, 심장근이 있다.
④ 신경조직 – 신경세포와, 신경아교세포 등으로 구성된다.

07. 다음 그림 (가)~(다)는 사람의 기관계 중 3가지를 모식도로 표현한 것이다. (가)~(다)는 각각 소화계, 배설계, 순환계 중 하나이다. 설명 중 옳은 것을 모두 고른 것은?

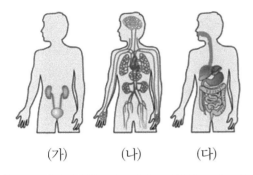

(가)　　　(나)　　　(다)

> ㄱ. (가)를 통해 암모니아가 요소로 전환된다.
> ㄴ. (나)를 통해 킬로미크론이 이동 한다.
> ㄷ. (다)에서 흡수되지 않은 영양소는 (가)를 통해 배설된다.

① ㄱ　　　　　　② ㄴ
③ ㄱ, ㄴ　　　　④ ㄱ, ㄷ

08. 다음은 체액성 면역에 대한 설명이다. 다음의 단계를 순서대로 나열하시오.

> A. 대식세포가 병원체를 먹고 항원 조각을 MHC Ⅱ형 분자에 붙여 항원을 제시한다.
> B. 대식세포가 사이토카인을 분비한다.
> C. 도움 T 세포가 사이토카인을 분비한다.
> D. 도움 T 세포의 T세포 수용체가 MHC 분자와 항원복합체를 인식한다.
> E. 활성화 B 세포가 형질세포와 기억 세포로 분화한다.
> F. 형질세포가 항체를 분비한다.

① A－B－D－C－E－F
② A－D－B－C－E－F
③ A－D－C－E－B－F
④ A－D－E－B－C－F

09. 대방이의 총폐용량(TLC)은 6,000ml이고, 흡기용량(IC)이 3,500ml, 잔기용적(RV)이 1,500ml이고, 일회호흡용적(Vt)은 500ml이다. 호기예비용적은 몇 ml인가?

① 500ml
② 600ml
③ 1,000ml
④ 1,200ml

10. 전기적 시냅스에 대한 설명이다. 옳은 것을 모두 고르면?

> ㄱ. 간극연접을 통해 두 뉴런이 연결되어 있다.
> ㄴ. 심근세포에서 관찰할 수 있다.
> ㄷ. 화학적 시냅스보다 느리게 전달된다.

① ㄴ　　　　　　② ㄱ, ㄴ
③ ㄱ, ㄷ　　　　④ ㄱ, ㄴ, ㄷ

11. 평활근에 대한 설명이다. 옳은 것을 모두 고르면?

> ㄱ. 민무늬근
> ㄴ. 단핵세포
> ㄷ. 개재판 관찰됨
> ㄹ. 트로포미오신과 트로포닌이 존재
> ㅁ. 불수의 운동

① ㄱ, ㄴ, ㅁ　　　② ㄱ, ㄴ, ㄹ
③ ㄴ, ㄷ, ㄹ　　　④ ㄷ, ㄹ, ㅁ

12. 대뇌에 대한 설명으로 옳지 않은 것은?

① 대뇌의 겉질은 회색질로 구성되어 있다.

② 의식적 반응을 조절한다.

③ 후두엽에서 시각정보를 담당한다.

④ 측두엽에는 미각과 청각을 담당한다.

13. 태양이는 장기간의 수험생활로 스트레스를 받고 있다. 장기적인 스트레스를 받는 태양이의 상태로 옳지 않은 것을 모두 고르면?

① 신장에서 칼륨 이온의 분비가 감소한다.

② 혈압이 높다.

③ 면역 기능이 떨어진다.

④ 단백질이 포도당으로 분해되어 혈당이 높아진다.

14. 배외막에 대한 설명이다. 옳은 것을 모두 고르면?

> ㄱ. 양막은 양수로 채워져 있으며 배아를 보호한다.
> ㄴ. 융모막은 포유류에서 혈구세포가 최초로 형성하는 장소이다.
> ㄷ. 난황낭은 배외막 중 가장 안쪽에 위치한다.
> ㄹ. 요막은 조류와 파충류에서 배설기능을 담당한다.

① ㄱ, ㄴ   ② ㄱ, ㄹ

③ ㄴ, ㄹ   ④ ㄷ, ㄹ

15. TCA 회로에 대한 설명이다. 옳은 것을 모두 고르면?

> ㄱ. 다양한 유기산들이 변화한다.
> ㄴ. 산화적 인산화를 통한 ATP가 생성된다.
> ㄷ. 고에너지 전자가 NAD^+와 FAD에 결합한다.
> ㄹ. α-케토글루타르산에서 석신산이 될 때 기질수준 인산화가 일어난다.
> ㅁ. 푸마르산에서 말산이 될 때 FAD가 환원된다.

① ㄱ, ㄴ, ㄷ   ② ㄱ, ㄷ, ㄹ

③ ㄱ, ㄷ, ㅁ   ④ ㄷ, ㄹ, ㅁ

16. 캘빈 회로에 대한 설명이다. 옳은 것을 모두 고르면?

> ㄱ. 엽록체의 그라나에서 일어난다.
> ㄴ. 명반응 산물이 있어야 캘빈회로가 작동할 수 있다.
> ㄷ. 루비스코는 산소와의 결합 능력이 있다.
> ㄹ. 1분자의 포도당을 생성하기 위해 회로가 2번 돌아야 한다.
> ㅁ. G3P가 RuBP로 되는 과정에 ATP가 필요하다.

① ㄱ, ㄴ, ㄷ   ② ㄴ, ㄷ, ㄹ

③ ㄷ, ㄹ, ㅁ   ④ ㄴ, ㄷ, ㅁ

17. 다음은 박테리아 종 A의 유전자 지도를 작성하기 위한 교배 실험이다.

〈실험 과정〉

(가) A에 F 인자를 형질 전환시켜 F 인자가 염색체의 서로 다른 위치에 삽입된 3종류의 Hfr 균주(P, Q, W)를 선별한다.

(나) 각 Hfr 균주와 F⁻ 대장균을 접합시킨 후, 일정한 시간마다 접합을 중단시킨다.

(다) 접합 후 각 Hfr 균주의 유전자 마커가 F⁻ 대장균의 염색체 내에 도입되는 데 걸린 시간을 측정한다.

〈실험 결과〉

• 접합 후 각 유전자 마커가 도입되는 데 걸린 시간(분)

Hfr	유전자 마커						
	lac	lip	pheS	pyrD	terC	tonA	trp
P	−	6	−	22	−	−	34
Q	30	42	−	−	−	22	−
W	−	−	4	−	12	−	26

(−): 확인되지 않음

이에 대한 설명으로 옳은 것을 모두 고르면?

ㄱ. 접합은 두 세균이 직접 접촉하여 DNA를 전달하는 과정이다.

ㄴ. 접합이 일어난 후 F⁻ 대장균은 Hfr 대장균으로 된다.

ㄷ. A의 유전자는 tonA − lac − lip − pyrD − trp − terC − pheS 순서로 되어있다.

① ㄷ
② ㄱ, ㄴ
③ ㄱ, ㄷ
④ ㄱ, ㄴ, ㄷ

18. 그림은 인슐린 유전자가 재조합된 플라스미드를 만들고 숙주 대장균에 도입한 후, 이 재조합 플라스미드를 가진 대장균을 선별하는 실험을 나타낸 것이다. 효소 A 유전자의 산물은 숙주 대장균 내에서 물질 X를 분해하여 대장균 군체를 흰색에서 푸른색으로 변화시킨다.

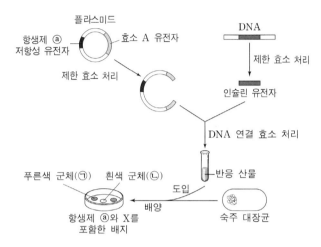

이 실험에 대한 설명으로 옳은 것은?(단, 숙주 대장균은 ⓐ에 대한 저항성이 없다.)

① 재조합을 할 때 플라스미드와 DNA에 서로 다른 제한효소를 처리해야한다.

② 인슐린 유전자를 가진 대장균은 물질 X를 분해할 수 없다.

③ 재조합되지 않은 플라스미드가 대장균으로 들어가면 푸른색 군체를 형성한다.

④ 흰색 군체를 형성하는 대장균은 자가 연결된 벡터를 가진다.

19. 절지동물에 대한 설명으로 옳지 않은 것은?

① 개체 수가 많고 다양한 종이 있다.

② 좌우대칭의 몸과 이규체절을 가지고 있다.

③ 폐쇄 순환계를 가지고 있다.

④ 키틴질에 싸여 있는 단단한 외골격을 가진다.

20. 산성 생장설에 대한 설명이다. 옳은 것을 모두 고르면?

> ㄱ. 지베렐린에 의해 양성자 펌프가 자극된다.
> ㄴ. 세포벽의 pH를 높여 익스팬신을 활성화시킨다.
> ㄷ. 삼투현상으로 물이 세포 안으로 들어오면 팽압이 증가한다.
> ㄹ. 세포의 신장은 세포벽의 셀룰로스 미세섬유의 방향에 대해 수직방향으로 일어난다.

① ㄱ, ㄴ   ② ㄱ, ㄹ
③ ㄴ, ㄷ   ④ ㄷ, ㄹ

제4회 최종모의고사

응시번호＿＿＿＿＿＿＿ 성명 ＿＿＿＿＿＿＿ 점수＿＿＿＿ 점

01. 원자에 대한 설명으로 옳은 것을 모두 고른 것은?

> ㄱ. 원자의 질량은 원자핵과 전자의 합이다.
> ㄴ. 양성자의 수에 의해 원자번호가 결정된다.
> ㄷ. 원자번호는 같지만 질량이 다른 원소를 동위원소라고 한다.

① ㄱ   ② ㄴ
③ ㄱ, ㄷ   ④ ㄴ, ㄷ

02. 단백질 구조에 대한 설명으로 옳은 것은?

① 알파 나선 구조는 단백질의 1차 구조이다.
② 소수성 상호작용은 단백질의 2차 구조에 기여하는 상호 작용이다.
③ 이황화물 다리는 단백질 3차 구조에 기여하는 상호 작용이다.
④ 반데르발스 인력은 4차 구조를 구성하는 핵심 상호작용이다.

03. 생체막으로 구성되어 있는 세포 소기관을 모두 고른 것은?

> ㄱ. 골지체   ㄴ. 거친면 소포체
> ㄷ. 중심체   ㄹ. 미토콘드리아

① ㄱ, ㄷ   ② ㄴ, ㄷ
③ ㄷ, ㄹ   ④ ㄱ, ㄴ, ㄹ

04. 능동수송의 예시로 옳은 것을 모두 고른 것은?

> ㄱ. 소장 융털 돌기에서의 양분 흡수
> ㄴ. 세뇨관의 물질 재흡수
> ㄷ. Na^+-K^+ 펌프에 의한 작용
> ㄹ. 폐포에서의 기체 교환 작용

① ㄱ, ㄷ   ② ㄴ, ㄷ
③ ㄷ, ㄹ   ④ ㄱ, ㄴ, ㄷ

05. 다음은 멘델의 법칙으로 설명되지 않는 유전 현상을 나타낸 것이다. 이에 대한 설명으로 옳지 않은 것은?

① 공동우성은 2개의 대립 유전자가 표현형에 각각 영향을 주는 경우이다.
② 상위유전은 하나의 유전자가 다른 유전자의 유전자형을 바꾸는 현상이다.
③ 크세니아는 중복 수정하는 속씨식물에서 수컷의 형질이 암컷의 형질인 배젖에 나타나는 현상이다.
④ 치사 유전은 어떤 개체가 발생 도중에 죽는 현상이다.

06. 다음은 대방이 가족의 색맹 현상에 대한 자료이다.

- 대방이의 부모님은 색맹에 대하여 모두 정상이다.
- 대방이의 핵형은 비정상이고 부모님은 핵형이 정상이다.
- 대방이가 태어날 때 정자와 난자 형성 과정 중 한 과정에서 비분리가 1회 발생했다.

대방이는 색맹을 가진 남자이다. 이에 대한 설명으로 옳지 않은 것은? (단, 비분리 이외의 교차나 돌연변이는 고려하지 않는다.)

ㄱ. 대방이의 어머니는 색맹 유전자를 가지고 있다.
ㄴ. 대방이는 클라인펠터증후군을 가진다.
ㄷ. 대방이가 태어날 때 어머니의 난자 형성 과정 중 감수 1분열에서 비분리가 발생하였다.

① ㄱ
② ㄱ, ㄴ
③ ㄴ, ㄷ
④ ㄱ, ㄴ, ㄷ

07. 다음 동물의 조직에 관한 설명 중 옳지 않은 것은?

① 세망섬유는 콜라겐으로 구성되어 있다.
② 결합조직은 세포성분보다 세포외기질에서 많다.
③ 콘드로이틴황산프로테오글리칸은 연골과 혈관벽에 분포하고 있다.
④ 같은 구조와 기능을 갖는 조직들의 그룹이다.

08. 결핍시 혈액응고이상을 나타내는 비타민은?

① 리보플라빈(riboflavin)
② 판토텐산(pantothenic acid)
③ 필로퀴논(phylloquinone)
④ 피리독신(pyridoxine)

09. 다음 중 세포 외 소화를 하는 동물을 모두 고르시오

ㄱ. 해면동물
ㄷ. 척추동물
ㄴ. 편형동물
ㄹ. 자포동물

① ㄱ
② ㄱ, ㄴ
③ ㄴ, ㄹ
④ ㄴ, ㄷ, ㄹ

10. 다음 중 장 효소가 아닌 것은?

① 아밀레이스
② 락테이스
③ 수크레이스
④ 펩티데이스

11. 다음 중 간의 작용으로 옳지 않은 것은?

① 혈당량을 0.1%로 유지한다.
② 알코올, 니코틴등과 같은 약물의 독성을 제거한다.
③ 프로비타민 A, D를 생성한다.
④ 빌리루빈 색소가 쓸개즙에 함유되어 생성된다.

12. 다음 중 호르몬의 기능으로 옳은 것은?

> ㄱ. PYY는 소장에서 분비되는 식욕억제호르몬으로 그렐린과 반대작용을 한다.
> ㄴ. 렙틴은 췌장(이자)에서 분비되어 체지방을 일정하게 유지하는 식욕억제호르몬이다. 렙틴이 분비되어 소장에 이르면 음식섭취량을 저하시킨다.
> ㄷ. 그렐린은 소장에서 분비되는 공복 호르몬이다. 식사 전에 수치가 올라가고 식사 후에는 수치가 내려가는 성질이 있다.
> ㄹ. 인슐린은 췌장(이자)에서 분비되어 소장에 작용해서 식욕을 억제하는 호르몬이다.

① ㄱ
② ㄱ, ㄴ
③ ㄷ, ㄹ
④ ㄱ, ㄴ, ㄹ

13. 다음 중 혈액의 조성에 대한 설명으로 옳은 것은?

① 혈액의 pH는 약 7.2~7.4이고, 적혈구, 백혈구, 혈소판과 같은 고형 성분(55%)인 혈구와 액체 성분(45%)인 혈장으로 구분된다.
② 백혈구는 림프샘에서 생성되어 골수에서 파괴된다.
③ EPO는 신장에서 분비되는 스테로이드 호르몬으로 골수에서 조혈을 촉진한다.
④ 혈소판은 지라에서 생성되어 골수에서 파괴된다.

14. 다음 중 오줌 생성의 조절 호르몬에 대한 설명으로 옳지 않은 것은?

① 항이뇨 호르몬은 뇌하수체 후엽에서 분비되며 근위세뇨관과 집합관에서 수분의 재흡수를 촉진한다.
② 무기질코르티코이드는 부신 겉질에서 분비되며 세뇨관에서 Na^+의 재흡수를 촉진하고 K^+의 분비를 촉진한다.
③ 안지오텐신Ⅱ는 콩팥에 작용해서 NaCl의 흡수를 돕는다.
④ 큰 출혈이 일어나게 된 경우 ADH에는 변화가 없지만 RAAS는 혈압감소에 반응하게 된다.

15. 생물의 특징에 대한 설명으로 옳은 것을 모두 고른 것은?

> ㄱ. 육상 식물과 가장 유연관계가 가까운 생물은 녹조류이다.
> ㄴ. 적조 현상의 원인은 규조류의 폭발적 증식이다.
> ㄷ. 남세균과 식물은 모두 엽록체를 가지고 있다.
> ㄹ. 선태식물은 비종자 관다발 식물이다.

① ㄱ
② ㄱ, ㄴ
③ ㄷ, ㄹ
④ ㄱ, ㄴ, ㄹ

16. 밀도 의존성 선택과 밀도 비의존성 선택에 대한 설명으로 옳지 않은 것은?

① 밀도 의존성 선택은 큰 체형의 대형 포유류에 많이 보인다.
② 밀도 의존성 선택은 자손의 수가 적고, 반복적인 생식을 한다.
③ 밀도 비의존성 선택은 많은 수의 자손을 낳고 생존 기간이 짧다.
④ 밀도 비의존성 선택은 초기 사망률이 낮고 일정한 생존을 보인다.

17. 낙동강의 BOD를 측정하기 위해 2개의 병에 강물을 채취하고, 병 A의 DO는 10ppm이고 병 B를 밀봉하여 20℃로 유지하며 빛이 없는 곳에 두고 5일 후 DO를 측정했더니 7ppm이었다. 낙동강의 BOD는?

① 3ppm
② 10ppm
③ 15ppm
④ 17ppm

18. 식물의 신장과 관련된 호르몬을 모두 고른 것은?

ㄱ. 옥신
ㄴ. 지베렐린
ㄷ. 앱시스산
ㄹ. 브라시노스테로이드

① ㄱ, ㄷ
② ㄴ, ㄷ
③ ㄷ, ㄹ
④ ㄱ, ㄴ, ㄹ

19. 인류의 진화 과정에 대한 설명으로 옳지 않은 것은?

① 사헬란드로프스는 오스트랄로피테쿠스보다 이전의 인류로 간주한다.
② 호모 하빌리스는 정교한 도구를 사용했을 것으로 추정된다.
③ 호모 에렉투스는 최초로 불을 사용했을 것으로 추정된다.
④ 네안데르탈렌시스는 현생 인류의 직계조상으로 추정된다.

20. 세포호흡에 대한 설명으로 옳은 것을 모두 고른 것은?

ㄱ. 해당과정에서 만들어지는 산물에는 NADPH가 있다.
ㄴ. 세포호흡에서 포도당 1몰의 완전 분해 시 기질 수준 인산화를 통해 생성되는 ATP는 총 3몰이다.
ㄷ. 세포호흡의 기질로 지방산은 β-산화를 통해 아세틸 CoA로 만들어진다.
ㄹ. 단백질이 호흡 기질로 사용될 때 노폐물로 만들어지는 물질은 아미노기이다.

① ㄱ, ㄷ
② ㄴ, ㄷ
③ ㄷ, ㄹ
④ ㄱ, ㄴ, ㄹ

제5회 최종모의고사

응시번호＿＿＿＿＿＿＿ 성명＿＿＿＿＿＿ 점수＿＿＿＿ 점

01. 다음 효소에 대한 설명으로 옳은 것을 모두 고른 것은?

> ㄱ. 효소는 기질 수준 인산화에 참여한다.
> ㄴ. 주효소는 주로 단백질로 구성되어 있다.
> ㄷ. 한 가지 조효소가 여러 가지 주효소 작용에 관여한다.
> ㄹ. 주효소가 조효소보다 열에 강하다.

① ㄱ, ㄴ
② ㄴ, ㄷ
③ ㄱ, ㄴ, ㄷ
④ ㄱ, ㄴ, ㄹ

02. 다음 중 감수분열에 관한 설명으로 옳은 것을 모두 고른 것은?

> ㄱ. 핵 1개당 DNA상대량은 G_1기 세포가 감수 2분열 중기세포의 2배이다.
> ㄴ. 동형분열시 염색분체는 분리되어 양극으로 이동한다.
> ㄷ. 콘덴신은 감수분열과정에서 자매염색분체를 결합시키고 두 상동염색체의 끝부분을 붙들어 이가염색체로 만든다.
> ㄹ. 동원체에 있는 코헤신은 슈고신이라는 단백질로 보호된다.

① ㄱ, ㄹ
② ㄴ, ㄷ
③ ㄱ, ㄴ, ㄷ
④ ㄴ, ㄹ

03. 다음 중 유전적 다양성의 증가요인으로 옳지 않은 것은?

① 감수 1분열 전기에 교차가 일어난다.
② 감수 2분열 후기에 상동염색체의 무작위적 분리가 일어난다.
③ 정자와 난자의 무작위적 수정 때문이다.
④ 생식세포 형성 시 돌연변이가 일어나기 때문이다.

04. B림프구에 대한 설명으로 옳지 않은 것은?

① 골수에서 생성되어 골수에서 성숙한다.
② 도움 T 세포에 의해 활성화 된다.
③ 체액성 면역에 관여한다.
④ MHC I 을 통해 도움 T세포와 상호작용한다.

05. 사람의 심장 주기에 대한 설명으로 옳은 것을 모두 고른 것은?

> ㄱ. 동방 결절은 대정맥과 좌심방 사이에서 외부 자극 없이도 주기적 흥분을 일으킬 수 있다.
> ㄴ. 방실 결절은 심방 수축의 빈도를 조절한다.
> ㄷ. 심장의 박동 중추는 연수이다.
> ㄹ. 푸르키녜 섬유를 통해 심장 아래에서 심실벽으로 흥분을 전달시키며 심실을 수축한다.

① ㄱ, ㄴ
② ㄴ, ㄷ
③ ㄷ, ㄹ
④ ㄱ, ㄴ, ㄹ

06. 다음은 사람의 뇌를 나타낸 것이다. 이에 대한 설명으로 옳은 것을 모두 고르면?

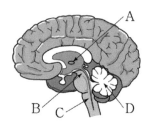

ㄱ. A는 소화의 조절 중추이다.
ㄴ. B와 C는 뇌줄기를 구성한다.
ㄷ. D는 균형(평형)에 관여한다.

① ㄱ   ② ㄱ, ㄴ
③ ㄴ, ㄷ   ④ ㄱ, ㄴ, ㄷ

07. 다음은 동일한 길이의 2개의 민말이집 신경에 동시에 자극 A와 B를 각각을 주면서 어떤 물질 X와 Y에 주었을 때의 변화를 나타낸 것이다. 이에 대한 설명으로 옳은 것을 모두 고르면?

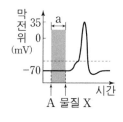 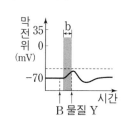

ㄱ. a 구간 동안 신경에서 $Na^+ - K^+$ 펌프가 작동한다.
ㄴ. b 구간 동안 자극 B에 의한 막전위 변화는 Na^+에 의해 일어난다.
ㄷ. 물질 Y는 자극을 억제하는 기능을 한다.

① ㄱ   ② ㄴ, ㄷ
③ ㄱ, ㄴ   ④ ㄱ, ㄴ, ㄷ

08. 남성의 생식 기관에 대한 설명 중 옳지 않은 것은?

① 부정소에서 정자는 운동 능력을 갖게 된다.
② 세르톨리 세포에서 테스토스테론을 분비한다.
③ 레이디히 세포는 LH의 지배를 받는다.
④ 정자는 정낭에서 만들어진 물질과 합쳐져 정액을 형성한다.

09. 그림은 생태계를 구성하는 요소 사이의 상호 관계와 생물 군집 내 탄소의 이동을 나타낸 것이다. 이에 대한 설명으로 옳은 것을 모두 고르면?

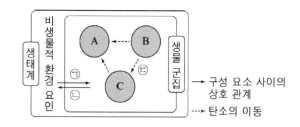

ㄱ. A는 생산자이다.
ㄴ. '지렁이가 토양의 통기성을 높인다.'는 ㉠의 예시이다.
ㄷ. ㉡ 과정을 통해 유기물 형태로 탄소가 이동한다.

① ㄱ   ② ㄴ
③ ㄷ   ④ ㄱ, ㄷ

10. 진핵 세포의 세포 골격에 대한 설명으로 옳은 것을 모두 고르면?

> ㄱ. 미세소관을 통해 디네인(다이닌)은 소낭을 음성 말단으로 이동시킨다.
> ㄴ. 미세섬유는 세포질 유동에 관여한다.
> ㄷ. 중간 섬유는 장력을 견디게 해준다.

① ㄱ   ② ㄴ
③ ㄴ, ㄷ   ④ ㄱ, ㄴ, ㄷ

11. 세포 신호 전달 시 세포막 수용체에 리간드와 결합하여 작용하는 예로 옳지 않은 것은?

① G 단백질 결합 수용체
② 타이로신 인산화 효소 수용체
③ 이온 통로 수용체
④ 알도스테론 핵 수용체

12. 포도당 1몰당 세포호흡 전 과정을 통해 방출된 ATP가 총 32개일 때, 기질 수준 인산화(A)와 산화적 인산화(B)에서 생성되는 ATP의 비율은?

	A	B
①	1	2
②	1	3
③	1	7
④	1	9

13. 다음은 광합성에서 유기물이 생성되는 과정을 알아보기 위한 캘빈의 실험이다.

> (가) 클로렐라 배양액에 $^{14}CO_2$를 계속 공급하면서 빛을 비춘다.
> (나) 배양액으로부터 5초, 90초, 5분 후에 각각 클로렐라를 채취하여 세포 추출물을 준비한다.
> (다) (나)의 추출물을 크로마토그래피법으로 1차 전개한 후, 전개한 용지의 방향을 바꾸어 2차 전개한다.
> (라) 전개한 용지를 X선 필름에 감광시킨 결과는 그림과 같다.
> (단, ㉠과 ㉡은 각각 3PG(PGA)와 포도당 중 하나이다.)

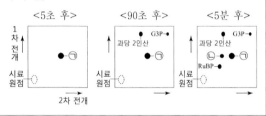

이에 대한 설명으로 옳은 것만을 〈보기〉에서 있는 대로 고른 것은?

> ──── 〈보기〉 ────
> ㄱ. 1차 전개와 2차 전개에 사용한 용매는 모두 동일하다.
> ㄴ. ㉠의 탄소(C)의 개수는 ㉡의 탄소(C)의 개수보다 많다.
> ㄷ. G3P는 포도당보다 먼저 만들어졌다.

① ㄱ   ② ㄴ
③ ㄷ   ④ ㄱ, ㄷ

14. 진핵세포의 세포질에서 일어나는 유전자 발현에 관한 것을 있는 대로 고르면?

> ㄱ. DNA 복제
> ㄷ. 아미노아실 tRNA 합성
> ㅁ. RNAi
> ㄴ. RNA 스플라이싱
> ㄹ. mRNA와 리보솜 결합
> ㅂ. 오페론

① ㄱ, ㄴ, ㄷ   ② ㄴ, ㄷ, ㄹ
③ ㄷ, ㄹ, ㅁ   ④ ㄹ, ㅁ, ㅂ

15. 대장균의 젖당 오페론에 대한 설명으로 옳은 것은?

> ㄱ. 포도당이 없고 젖당이 있을 때만 조절 유전자가 발현된다.
> ㄴ. 프로모터는 RNA 중합효소가 결합하는 자리이다.
> ㄷ. 오페론의 구조는 조절 유전자, 프로모터, 작동 부위, 구조 유전자로 구성되어 있다.
> ㄹ. 젖당 오페론이 작동하기 위해서는 CAP와 cAMP가 함께 상호 작용해야 한다.

① ㄱ, ㄷ   ② ㄴ, ㄹ
③ ㄴ, ㄷ   ④ ㄱ, ㄴ, ㄹ

16. 원발암 유전자(proto-oncogene)와 종양 억제 유전자(tumor suppressor genes)에 대한 설명으로 옳은 것은?

① 원발암 유전자가 발현되면 암세포가 형성된다.
② 종양 억제 유전자는 활성이 촉진되면 암이 발생한다.
③ 원발암 유전자의 대표적인 예는 *p53* 유전자가 있다.
④ 종양 억제 유전자에 의해 만들어진 단백질을 통해 발암 유전자를 가진 세포가 억제된다.

17. 생명체의 출현 순서로 옳게 나열된 것은?

> ㄱ. 아미노산   ㄷ. 마이크로스피어
> ㅁ. 남세균   ㄴ. CH_4
> ㄹ. 폴리펩타이드   ㅂ. 팽이버섯

① ㄱ - ㄴ - ㄷ - ㄹ - ㅁ - ㅂ
② ㄱ - ㄷ - ㄹ - ㄴ - ㅂ - ㅁ
③ ㄴ - ㄱ - ㄹ - ㄷ - ㅁ - ㅂ
④ ㄴ - ㄱ - ㄹ - ㄷ - ㅂ - ㅁ

18. 다음 중 '그람양성균 – 그람음성균' 순서로 올바르게 짝지어진 것을 고르시오.

① 포도상구균 – 황세균
② 뿌리혹박테리아 – 콜레라
③ 방선균 – 파상풍균
④ 연쇄상구균 – 보툴리누스균

19. 다음 중 식물의 조직에 관한 설명으로 옳은 것은?

① 정단분열조직은 뿌리의 길이에 따라 뻗어있으며 세포분열을 통해 안쪽으로는 물관을, 바깥쪽으로는 체관을 만들어 부피생장을 일으킨다.

② 시원세포는 분열조직의 세포들이 분열조직에 남아 분열을 계속하는 세포이다.

③ 유조직은 영구조직에서 유래되어 동물의 줄기세포의 역할을 한다.

④ 후각조직은 리그닌으로 이루어진 두꺼운 2차벽을 가지고 있다.

20. 다음 중 새벽에 기공이 열리는 시작신호의 설명으로 옳은 것은?

┌───┐
│ ㄱ. 빛 자체로 공변세포의 세포막에 있는 적색 │
│   광 수용체가 양성자펌프 활성을 자극하여 │
│ K^+를 축적하고 부풀어 오르도록 자극된다. │
│ ㄴ. 앱시스산이라는 호르몬이 수분스트레스에 반 │
│   응하여 Na^+채널을 열리게 하여 기공을 열 │
│   리게 한다. │
│ ㄷ. 엽육세포에서 광합성이 시작되면 CO_2가 감 │
│   소하면서 기공이 열린다. │
│ ㄹ. 암실에 식물을 두면 기공이 열리지 않는다. │
└───┘

① ㄱ   ② ㄴ

③ ㄷ   ④ ㄷ, ㄹ

01. 다음은 세포 내 단백질의 이동 경로를 추적하는 실험이다. 옳은 것을 고르시오

〈실험 과정〉

(가) 방사성 동위원소(^{35}S)로 표지된 메싸이오닌을 함유한 배지에 세포를 배양한다.

(나) 동위원소가 없는 배지로 옮겨 배양한 후 시간에 따라 세포 소기관을 분리해 동위원소의 양을 측정한다.

〈실험 결과〉

시간 \ 세포소기관	A	B	C	D
10분	−	++	−	+
30분	−	+	−	+++
60분	+	−	+++	++
120분	++++	−	+	−

(+: 있음, −:없음)

이에 대한 설명으로 옳은 것은?

	A	B	C	D
①	골지체	세포막	소포체	리보솜
②	세포막	리보솜	골지체	소포체
③	골지체	리보솜	소포체	세포막
④	소포체	골지체	리보솜	세포막

02. 세포에 DNP를 처리한 경우 세포호흡과정을 통해 포도당 한 분자에서 생성되는 ATP의 분자 수를 고르시오. (단, 세포호흡 과정은 해당과정, 시트르산 회로, 산화적 인산화 이외는 고려하지 않는다.)

① 0ATP

② 2ATP

③ 4ATP

④ 6ATP

03. 그림은 장 상피세포에서 포도당의 이동 과정 일부를 나타낸 것이다.

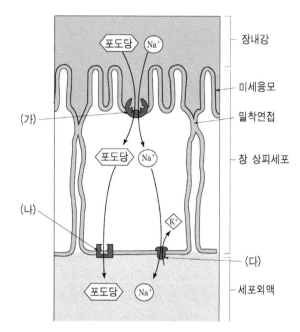

이에 대한 설명으로 옳은 것을 모두 고른 것은?

ㄱ. (가)는 Na^+의 확산에 의해 포도당이 운반된다.

ㄴ. 밀착연접은 세포 간 결합을 통해 장 상피조직을 단단히 지지한다.

ㄷ. (나)의 이동에는 ATP가 사용된다.

ㄹ. (다)를 통해 Na^+과 K^+의 농도를 일정하게 유지된다.

① ㄱ, ㄹ   ② ㄴ, ㄹ

③ ㄱ, ㄴ, ㄷ   ④ ㄱ, ㄴ, ㄹ

04. 다음은 젖산 대사 과정에서의 효소 반응의 특성을 알아보는 실험이다.

〈실험 과정〉

(가) 시험관에 특정 농도의 젖산, NAD^+, 젖산 탈수소효소를 넣고 시간에 따른 NADH의 양을 측정한다.

(나) 젖산 탈수소효소가 촉매하는 반응이 무엇인지 알아본다.

〈실험 결과〉

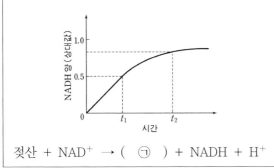

젖산 $+ NAD^+ \rightarrow$ (㉠) $+$ NADH $+ H^+$

이에 대한 설명으로 옳은 것을 모두 고른 것은?

ㄱ. 효소의 반응 속도는 t_1에서가 t_2에서보다 빠르다.

ㄴ. ㉠은 피루브산이다.

ㄷ. 젖산 탈수소효소는 젖산을 환원시킨다.

ㄹ. K_m값은 $\frac{1}{2} V_{max}$일 때 젖산의 농도이다.

① ㄱ, ㄹ   ② ㄴ, ㄷ, ㄹ

③ ㄱ, ㄴ, ㄷ   ④ ㄱ, ㄴ, ㄹ

05. 그림은 세계의 기후에 따른 육상 생태계를 나타낸 것이다. 다음 설명 중 가장 옳은 것은?

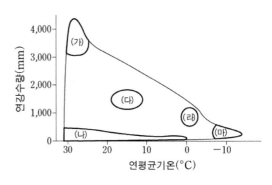

이에 대한 설명으로 옳은 것은?

① (가)-과도하게 높은 연평균기온으로 인해 식물의 다양성이 낮다.

② (나)-주로 적도 지역에 형성된 기후지역으로 식생의 분포가 드물고 형성되기 어렵다.

③ (다)-온난한 기온과 적절한 강수량으로 침엽수림이 우점종을 이루고 극상을 형성한다.

④ (라)와 (마)-낮은 기온으로 인해 영구동토층이 형성되고 많은 털을 가진 포유류가 서식한다.

06. 그림은 엽록체에서 일어나는 광합성의 명반응 일부를 나타낸 것이다.

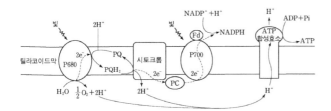

이에 대한 설명으로 옳은 것을 모두 고른 것은?

> ㄱ. 페레독신(Fd)에 의해 $NADP^+$는 환원된다.
> ㄴ. 광계 I 이 받은 빛에너지는 스트로마쪽에서 ATP를 합성하는데 직접 이용된다.
> ㄷ. 690nm와 500nm 파장을 동시에 엽록체에 비추면, 500nm에서의 파장흡수로 광합성은 일어나지 않는다.
> ㄹ. ATP 합성효소에 의한 수소이온의 지속적인 방출로 스트로마 쪽이 틸라코이드 내부보다 pH가 더 낮다.

① ㄱ   ② ㄴ, ㄷ

③ ㄱ, ㄴ, ㄷ   ④ ㄱ, ㄴ, ㄷ, ㄹ

07. 다음은 핵을 제거한 Xenopus 난자에 정자핵을 치환하는 과정에 중요한 단백질 A의 기능을 알아보는 실험이다.

실험	난자	첨가한 물질	실험 결과
1	처리 안함	없음	정상 핵분열
2	처리 안함	단백질 A 분해효소	비정상 핵분열
3	단백질 A를 암호화 하는 mRNA 제거	없음	비정상 핵분열
4	단백질 A를 암호화 하는 mRNA 제거	단백질 A 첨가	정상 핵분열
5	단백질 A를 암호화 하는 mRNA 제거	단백질 A를 암호화하는 mRNA 첨가	핵분열 중기에 멈춤

이에 대한 설명으로 옳은 것을 모두 고른 것은?

> ㄱ. 실험 1은 대조군이다.
> ㄴ. 실험 3과 4를 통해 단백질 A는 외부 첨가를 통해서도 분열을 유도 할 수 있다는 것을 알 수 있다.
> ㄷ. 실험 5는 첨가된 mRNA는 완벽한 정상 기능을 못하는 것으로 보아, 정상 단백질 A를 합성하는데 필요한 요소에 대한 추가 실험이 필요하다.

① ㄱ   ② ㄱ, ㄴ

③ ㄴ, ㄷ   ④ ㄱ, ㄴ, ㄷ

08. 태양이는 황제 다이어트를 하기로 결심했다. 그래서 한 종류의 소고기를 과량으로, 탄수화물을 극단적으로 줄여 식단을 구성하였다. 이때 나타날 수 있는 부작용으로 옳은 것을 모두 고른 것은?

> ㄱ. 기억력, 주의력, 사고력 등 뇌 인지기능에 문제가 발생 할 수 있다.
> ㄴ. 과량의 독성 대사산물이 발생해 이를 배출하기 위한 탈수 현상이 발생 할 수 있다.
> ㄷ. 오르니틴 회로의 과도한 작동으로 ATP 소비가 증가할 수 있다.

① ㄱ   ② ㄴ, ㄷ
③ ㄱ, ㄴ   ④ ㄱ, ㄴ, ㄷ

09. 그림은 식물세포에서 상대적 세포 부피에 따른 압력퍼텐셜(Ψ_p), 용질퍼텐셜(Ψ_s), 수분퍼텐셜(Ψ_w)의 변화를 나타낸 것이다.

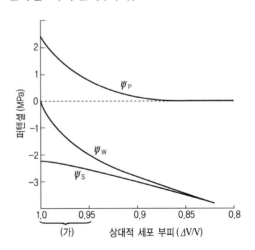

이에 대한 설명으로 옳은 것을 모두 고른 것은?

> ㄱ. 식물세포를 고장액에 넣은 것이다.
> ㄴ. (가) 구간에서는 물이 세포 밖으로 빠져나가고 있다.
> ㄷ. 상대적 세포 부피가 0.85에서 원형질 분리가 일어났다.

① ㄱ   ② ㄱ, ㄴ
③ ㄴ, ㄷ   ④ ㄱ, ㄴ, ㄷ

10. 다음의 작고 통제된 호수를 선정해 서식하고 있는 잉어의 개체군 크기를 측정하기 위해 표지-재포획 방법을 통한 실험을 진행한다.

> 〈실험 과정〉
> (가) 호수에서 잉어를 무작위로 잡는다.
> (나) 잡은 잉어의 수를 세고 표지한 후 풀어준다.
> (다) 일정 시간이 지난 후 잉어를 무작위로 다시 잡는다.
> (라) 표지된 잉어와 표지되지 않은 잉어의 수를 센다.
>
> 〈실험 결과〉
> • (나)에서의 잉어 수: 30마리
> • (라)에서 표지된 잉어 수: 6마리
> • (라)에서 표지되지 않은 잉어 수: 24마리
> • 예상 개체군의 크기: A마리

예상 개체군의 크기 A는 얼마인가? (단, 잉어의 개체군 증가와 감소 변화는 고려하지 않는다.)

① 100마리
② 150마리
③ 200마리
④ 250마리

11. 다음은 채집한 식물들을 4가지 그룹으로 정리하
였다.

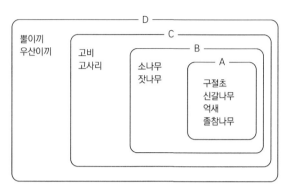

그룹A의 공유파생형질을 모두 고르면?

```
ㄱ. 꽃과 열매가 있다.
ㄴ. 세대교번을 한다.
ㄷ. 중복수정이 일어난다.
ㄹ. 편모성 꼬리를 가지고 있다.
ㅁ. 관다발이 있다.
```

① ㄴ   ② ㄱ, ㄷ
③ ㄱ, ㄴ, ㄷ   ④ ㄷ, ㄹ, ㅁ

12. 그림은 심근의 활동전위와 수축 변화를 나타낸 것
이다. 이에 대한 설명으로 옳은 것을 모두 고른
것은?

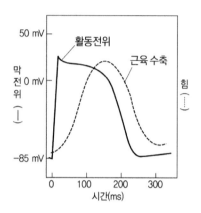

이에 대한 설명으로 옳은 것을 모두 고른 것은?

```
ㄱ. 활동 전위의 정체기(plateau)는 칼슘 이온
   에 의한 영향으로 발생한다.
ㄴ. 심근 세포의 흥분은 동방결절의 박동원 세
   포 영향으로 발생한다.
ㄷ. 심근은 한 번의 수축이 일어나면 추가적인 활
   동 전위가 발생하지 않는 불응기를 가진다.
```

① ㄱ, ㄴ   ② ㄴ, ㄷ
③ ㄱ, ㄷ   ④ ㄱ, ㄴ, ㄷ

13. 대사가 활발한 조직에서는 대사의 요구량이 증가하므로 혈류량이 동시에 증가하는 현상이 나타난다. 다음과 같이 능동적인 대사 활동은 국소적 조절에 의한 혈관 확장이 일어나는데 이러한 기작으로 옳은 것을 모두 고른 것은?

ㄱ. 엔도텔린(endothelin)에 의해 혈관을 확장하게 한다.
ㄴ. 혈관 내피세포에서 일산화질소가 방출된다.
ㄷ. 노르에피네프린의 분비로 위장 소동맥을 확장한다.
ㄹ. 히스타민에 의한 모세혈관 확장이 일어난다.

① ㄱ, ㄷ   ② ㄴ, ㄹ
③ ㄱ, ㄴ, ㄹ   ④ ㄱ, ㄴ, ㄷ, ㄹ

14. 그림은 진핵생물 X의 난할 초기 과정을 동물극 쪽에서 관찰한 모식도이다. 이에 대한 설명으로 옳은 것을 모두 고른 것은? (단, 대문자는 대할구, 소문자는 소할구를 나타낸다.)

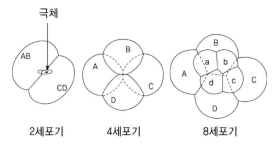

2세포기   4세포기   8세포기

이에 대한 설명으로 옳은 것을 모두 고른 것은?

ㄱ. 난자의 종류는 약단황란이다.
ㄴ. 양서류와 복족류(달팽이)의 난할 방식이다.
ㄷ. 2세포기는 경할이, 4세포기는 위할이 일어난다.

① ㄱ, ㄴ   ② ㄴ, ㄷ
③ ㄱ, ㄷ   ④ ㄱ, ㄴ, ㄷ

15. 다음 중 광호흡에 대한 설명으로 옳지 않은 것은?

① 루비스코가 CO_2 대신 O_2를 RuBP와 결합해서 일어난다.
② 엽록체, 퍼옥시좀, 미토콘드리아에서 일어난다.
③ 광호흡 결과 ATP가 소모된다.
④ 광호흡은 CO_2 농도가 높을 때 일어난다.

16. 지질 시대에 따른 생물의 진화 과정에 대한 설명으로 옳은 것을 모두 고른 것은?

ㄱ. 시생이언에는 생물이 존재하지 않았다.
ㄴ. 고생대에는 오존층의 형성으로 육상 생물인 곤충이 출현하였다.
ㄷ. 중생대 쥐라기는 겉씨식물이 출현하였다.
ㄹ. 운석 충돌로 인한 페름기 대멸종으로 생물 군집의 급격한 변화로 적응 방산이 일어났다.

① ㄱ   ② ㄴ
③ ㄴ, ㄷ, ㄹ   ④ ㄱ, ㄴ, ㄹ

17. 사스코로나바이러스 – 2(SARS – CoV – 2)는 사람 세포 표면의 안지오텐신전환효소2(ACE2)를 바이러스의 스파이크 단백질이 인식해 침투한다. 다음은 스파이크 단백질의 결합을 막기 위한 전략이다.

전략	방법	예상 되는 결과
mRNA – 1273	스파이크 단백질을 암호화하는 mRNA 주입	가짜 스파이크 단백질에 의한 면역세포 활성화로 항체 생성
재조합 ACE2	외부 재조합 ACE2 수용체를 다량 주입	유입 바이러스가 재조합 ACE2를 인지해 결합유도
사스 중화항체	기존 사스바이러스의 중화항체를 주입	COVID19의 중화항체와 결합유도

이에 대한 설명으로 옳은 것을 모두 고른 것은?

> ㄱ. mRNA – 1273 전략은 2차 면역 반응을 유도하는 것이다.
> ㄴ. 재조합 ACE2 전략은 경쟁적 저해제의 원리와 유사하다.
> ㄷ. 사스 중화항체 전략은 코로나 바이러스의 유사성을 이용하는 것이다.

① ㄴ   ② ㄱ, ㄴ
③ ㄴ, ㄷ   ④ ㄱ, ㄴ, ㄷ

18. 표 (가)는 사람 몸을 구성하는 기관 A~C에서 특징 ㉠~㉢의 유무를, (나)는 ㉠~㉢을 순서 없이 나타낸 것이다. A~C는 간, 심장, 위를 순서 없이 나타낸 것이다.

특징 / 기관	㉠	㉡	㉢
A	O	O	O
B	X	O	O
C	X	X	O

특징(㉠~㉢)
• 독성을 제거한다.
• 항상성을 유지한다.
• 교감 신경의 영향을 받는다.

이에 대한 설명으로 옳은 것을 모두 고른 것은?

> ㄱ. ㉠은 '독성을 제거한다.'이다.
> ㄴ. A는 소화계에 속한다.
> ㄷ. B에서 세크레틴이 분비된다.

① ㄴ   ② ㄱ, ㄴ
③ ㄴ, ㄷ   ④ ㄱ, ㄴ, ㄷ

19. 식물의 생장과 패턴형성에 관한 설명으로 옳지 않은 것은?

① 생장은 무한생장과 유한생장이 있다.
② 세포질 분열면은 세포골격의 재배열로 결정된다.
③ 비대칭 세포분열을 통해 다른 유형의 세포를 생산할 수 있다.
④ 패턴형성의 운명은 발생 초기에 결정되는 위치 기반설을 바탕으로 한다.

20. 다음은 어떤 진핵세포에서 일어나는 유전자 X의 발현에 대한 자료이다.

- 유전자 X를 포함한 DNA 이중 가닥의 염기서열은 다음과 같다.

가닥 I : 5'-CTATAGAAACCCCCGCAT-3'

가닥 II : 3'-GATATCTTTGGGGGCGTA-5'

- 어떤 DNA 가닥으로부터 생성되는 ㉠ mRNA로부터 번역된 ㉡ 폴리펩타이드는 5개의 아미노산을 암호화한다.
- 다음은 코돈표를 나타낸 것이다.

CUU, CUC, CUA, CUG	류신
CGU, CGC, CGA, CGG	아르지닌
GGG, GGU, GGC, GGA	글라이신
UUU, UUC	페닐알라닌

이에 대한 설명으로 옳은 것을 모두 고른 것은?

ㄱ. ㉠의 안티센스 가닥(anti-sense strand)은 가닥 I 이다.

ㄴ. ㉡의 성인 필수 아미노산은 3종류이다.

ㄷ. ㉡에는 양전하 극성 아미노산이 포함되어 있다.

① ㄴ   ② ㄱ, ㄴ

③ ㄴ, ㄷ   ④ ㄱ, ㄴ, ㄷ

제7회 최종모의고사

응시번호 _____ 성명 _____ 점수 _____ 점

---

01. 다음은 생물의 세포벽과 관련된 설명이다. 이에 대한 올바른 것을 모두 고르면?

> ㄱ. 식물의 세포벽은 β-포도당이 $\beta(1-4)$ 결합 이루어져 있다.
> ㄴ. 균류의 세포벽의 구성 성분은 β-포도당 (N-아세틸글루코사민)으로 이루어져 있다.
> ㄷ. 고세균의 세포벽은 라이소자임에 의해 분해된다.
> ㄹ. 마이코플라스마는 세포벽이 없는 세균이다.

① ㄱ, ㄷ   ② ㄱ, ㄹ
③ ㄴ, ㄷ   ④ ㄷ, ㄹ

---

02. 다음은 다당류에 대한 설명이다. 옳은 것만을 모두 고르면?

> ㄱ. 동물성 에너지 저장 탄수화물로 아밀로스와 아밀로펙틴 두 가지 형태가 있다.
> ㄴ. 아밀로스는 포도당이 $\alpha(1-4)$ 결합으로 이루어져 있다.
> ㄷ. 아밀로펙틴과 글리코젠의 차이는 곁가지의 유무이다.
> ㄹ. 녹말은 모두 곁가지가 $\alpha(1-6)$ 결합으로 이루어져 있다.

① ㄴ   ② ㄷ
③ ㄱ, ㄴ, ㄹ   ④ ㄷ, ㄹ

---

03. 다음은 진정세균과 진핵세포의 특징들을 정리한 것이다. 진정세균의 특징만 고른 것은?

> ㄱ. 핵막이 있다.
> ㄴ. 히스톤이 없다.
> ㄷ. 인트론이 거의 없다.
> ㄹ. 텔로미어가 있다.
> ㅁ. 미세소관으로 구성된 편모가 존재한다.
> ㅂ. 원형질막이 존재한다.

① ㄱ, ㄴ, ㄹ   ② ㄴ, ㄷ
③ ㄴ, ㄷ, ㄹ, ㅁ   ④ ㄷ, ㄹ, ㅁ, ㅂ

---

04. 다음 중 옥신에 대한 설명으로 옳지 않은 것은?

① 옥신의 극성 수송은 줄기의 기저면에서 정단면 단일 방향 수송을 한다.
② 옥신은 확산에 의해서도 세포로 들어갈 수 있다.
③ 옥신에 의해 세포벽의 pH는 증가한다.
④ 옥신은 익스팬신을 활성화시킨다.

---

05. 다음 중 암반응에 대한 설명으로 옳지 않은 것은?

① 루비스코(Rubisco)는 CO_2뿐만 아니라 O_2도 기질로 사용된다.
② 빛의 공급을 중단하면 G3P와 RuBP는 감소한다.
③ 1분자의 포도당을 생성하기 위해 ATP는 18분자가 필요하다.
④ 캘빈회로 결과 직접 만들어지는 탄수화물은 포도당이다.

---

06. C_3 식물과 C_4 식물에 대한 설명으로 옳지 않은 것은?

① CO_2보상점이 낮은 식물은 C_3 식물이다.
② C_4 식물의 유관속초 세포는 광계 II 를 가지고 있지 않아 순환적 광인산화만 일어난다.
③ C_3 식물의 CO_2 최초 고정 산물은 3-PG(PGA)이다.
④ C_4 식물은 엽육세포에 PEP 카복실화 효소가 존재하여 광호흡을 최소화한다.

07. 세포분열 억제물질에 대한 설명이다. 옳은 것만을 고른 것은?

ㄱ. 택솔은 미세소관의 분해를 저해한다.
ㄴ. 콜히친은 씨없는 수박을 만들 때 사용할 수 있다.
ㄷ. 사이토칼라신B는 방추사 형성을 저해하여 생식세포를 배수체로 만든다.

① ㄱ, ㄴ 　　　② ㄱ, ㄷ
③ ㄴ, ㄷ 　　　④ ㄱ, ㄴ, ㄷ

08. 다음은 어떤 진핵생물의 정상 발현되는 세 종류의 유전자가 각각 돌연변이가 발생했을 때에 관한 설명이다.

• 돌연변이 A는 전사가 일어나지 않는다.
• 돌연변이 B는 전사는 일어나지만 정상 단백질은 생성되지 않는다.
• 돌연변이 C는 전사도 일어나고 정상 단백질도 생성된다.

돌연변이에 대한 추론으로 가장 옳지 않은 것은?

① 돌연변이 A는 프로모터가 정상 작동하지 않는 경우이다.
② 돌연변이 B의 예시로 낫모양 적혈구 빈혈증이 있다.
③ 돌연변이 C는 침묵 돌연변이인 경우이다.
④ 돌연변이 A~C 중 염기 치환이 정지코돈을 만드는 경우는 A이다

09. 다음은 포도당이 세포호흡에 이용되는 과정을 나타낸 것이다. ㉠~㉢은 O_2, NADH, $FADH_2$ 중 하나이다.

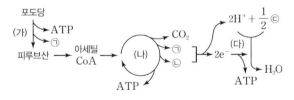

이에 대한 설명으로 옳은 것을 모두 고르면?

ㄱ. (가) 과정에서 기질 수준 인산화가 일어난다.
ㄴ. ㉠과 ㉡은 모두 (다)에서 산화된다.
ㄷ. ㉢이 공급되지 않으면 (나)의 과정이 멈춘다.

① ㄱ, ㄴ 　　　② ㄱ, ㄷ
③ ㄴ, ㄷ 　　　④ ㄱ, ㄴ, ㄷ

10. 다음 설명 중 바이러스가 특이적 면역을 회피하는 방법이다. 이들 중 특이적 면역을 회피할 할 수 없는 경우는?

① 바이러스의 표면 단백질을 암호화하는 유전자의 빈번한 돌연변이가 일어난 경우
② 다른 바이러스와의 유사한 표면 단백질을 만드는 경우
③ 보조 T림프구를 직접 공격하여 파괴하는 경우
④ 감염시킨 세포의 MHC 분자 생산을 억제하도록 유도하는 경우

11. 균근의 두 가지 유형에 관한 설명 중 옳지 않은 것은?

① 외생균근은 균사체가 식물의 뿌리를 둘러싸는 형태로 확장된 표면적을 제공한다.
② 내생균근은 식물 뿌리 세포막을 뚫고 함께 공생하는 구조로 형성된다.
③ 농업에 있어 균근과 식물의 공생관계로 토양 유기물 흡수를 도와 작물 생산을 증진시킨다.
④ 생태적 관점에서 균근은 숙주 특이성이 없어 식물들과 연결망을 형성해 식물에게 유익함을 준다.

12. 시상하부에서 뇌하수체로 호르몬이 방출되는 기작으로 옳은 것은?

① 시상하부에서 직접 물질을 방출해서 뇌하수체를 거치기만 한다.
② 시상하부의 뉴런에서 후엽의 혈관으로 신경호르몬 형태로 ADH가 방출된다.
③ 시상하부의 뉴런에서 전엽의 혈관으로 신경호르몬 형태로 TSH가 분비된다.
④ 뇌하수체 최종 방출 호르몬 형태는 모두 신경호르몬 형태이다.

13. 동물들은 자신의 이익을 위해 여러 가지 방법으로 모방이나 방어 작용을 개발했다. 이러한 방법 중 설명이 올바르지 않은 것은?

① 베이츠 의태는 맛이 좋은 종이 맛 없고 해로운 모델을 흉내 내는 방법이다.
② 경계색과 보호색은 자신의 유해함을 드러내면서 포식자로 하여금 먹지 못하도록 하는 방법이다.
③ 뮐러 의태는 맛 없는 종간에 서로 수렴진화를 통해 닮아 생존하는 방법이다.
④ 포식자도 먹이에 접근하기 위해 위장을 하는 방법을 사용해 이익을 얻는다.

14. 뇌의 각 부분과 그 기능에 대해 올바르게 설명한 것은?

┌─────────────────────────────────────┐
│ ㄱ. 중뇌 – 고등정신, 판단, 감정   │
│ ㄴ. 시교차상핵 – 하루주기리듬, 생체시계 │
│ ㄷ. 기저핵 – 계획, 학습, 운동 중추   │
│ ㄹ. 시상 – 시상하부를 도와 척수에게 정보를 │
│   전달   │
└─────────────────────────────────────┘

① ㄱ, ㄴ   ② ㄴ, ㄷ
③ ㄱ, ㄷ   ④ ㄴ, ㄷ, ㄹ

15. 어떤 개체군의 현 개체군 크기는 300이다. 이 개체군의 최소 생존 개체군의 크기가 500일 때 나타날 수 있는 현상으로 옳은 것을 모두 고르면?

┌─────────────────────────────────────┐
│ ㄱ. 서식 환경의 파괴가 급격히 일어난다. │
│ ㄴ. 개체들의 수가 급감하는 절멸의 소용돌이에 │
│   빠진다.   │
│ ㄷ. 유전적 부동이 발생할 수 있다.   │
│ ㄹ. 근친교배가 매우 빈번해질 수 있다.   │
└─────────────────────────────────────┘

① ㄱ, ㄴ   ② ㄱ, ㄷ, ㄹ
③ ㄱ, ㄷ   ④ ㄴ, ㄷ, ㄹ

16. 그림은 성인 남녀의 정소와 난소의 일부를 나타낸 것이다.

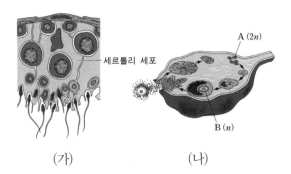

세르톨리 세포

A (2n)

B (n)

(가)   (나)

이에 대한 설명으로 옳은 것을 모두 고른 것은?

ㄱ. 세르톨리 세포는 인히빈을 분비한다.
ㄴ. (가)에는 운동능력이 있는 정자가 있다.
ㄷ. A가 B가 되는 과정에 LH가 급격히 상승한다.

① ㄱ   ② ㄴ
③ ㄷ   ④ ㄱ, ㄷ

17. 다음 가계도는 유전병 X와 ABO식 혈액형을 나타낸 것이다. 유전병 X는 ABO혈액형과 동일한 염색체 위에 있다. Ⅲ-3은 염색체 ㉠ 비분리가 1회 일어난 생식세포와 ㉡ 정상생식세포가 수정되어 태어났다.

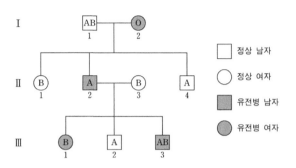

□ 정상 남자
○ 정상 여자
■ 유전병 남자
● 유전병 여자

이에 대한 설명으로 옳은 것을 모두 고른 것은? (단, 비분리 이외의 돌연변이는 고려하지 않는다.)

ㄱ. 유전병 X는 정상에 대해 우성 유전한다.
ㄴ. Ⅱ-3은 유전자형이 BB형이다.
ㄷ. Ⅲ-3이 태어날 때 ㉠은 정자이다.

① ㄱ   ② ㄴ
③ ㄷ   ④ ㄱ, ㄷ

18. mRNA의 염기서열이 다음과 같을 때 전사되는 DNA의 염기서열은?

3′-GGUACC-5′

① 3′-GGATCC-5′
② 5′-GGAUCC-3′
③ 3′-GGTACC-5′
④ 5′-GGUACC-3′

19. 다음 중 절지동물에 대한 설명으로 옳은 것은?

　① 몸은 좌우대칭이며 마디가 없는 다리가 있다.
　② 폐쇄순환계이고 혈림프로 채워진 혈강이 있다.
　③ 수관계가 있어서 호흡기와 순환기의 역할을 한다.
　④ 배설기는 곤충류에서 끝이 막힌 말피기관을 가진다.

20. 아래의 표는 어떤 식물에서 유전자형이 AaBbCc인 개체 (가)와 유전자형이 aabbcc인 개체를 교배시켜 얻은 자손 (F_1)의 유전자형 비를 나타낸 것이다.

AaBb : Aabb : aaBb : aabb = 1 : 1 : 1 : 1
AaCc : Aacc : aaCc : aacc = 0 : 1 : 1 : 0
BbCc : Bbcc : bbCc : bbcc =　　?

이에 대한 옳은 설명을 〈보기〉에서 모두 고른 것은?(단, 돌연변이와 교차는 고려하지 않는다.)

───── 〈보기〉 ─────

ㄱ. (가)에서 A와 B가 연관되어 있다.
ㄴ. (가)에서 유전자형이 aBC인 생식세포가 형성될 확률은 25%이다.
ㄷ. F_1에서 BbCc : bbCc = 1 : 1이다.

① ㄱ　　　　　　　② ㄴ
③ ㄱ, ㄷ　　　　　④ ㄴ, ㄷ

제8회 최종모의고사

응시번호_____   성명_____   점수_____점

01. 다음은 극호열성 세균과 클라미디아속에 속하는 트라코마균, 마이코플라즈마를 비교한 것이다. 이에 대한 설명 중 옳은 것은?

① 극호열성 세균과 트라코마균은 동일한 종류의 세포벽을 가진다.

② 극호열성 세균과 마이코플라즈마는 모두 인트론이 존재한다.

③ 트라코마균과 마이코플라즈마는 동일한 개시 아미노산을 가진다.

④ 트라코마균과 마이코플라즈마는 모두 그람 양성균이다.

02. 식물의 줄기 생장에 대한 설명이다. 이에 대한 설명 중 옳은 것은?

> ㄱ. 목본성 식물은 2기 생장을 한다.
> ㄴ. 코르크형성층과 코르크를 수피라고 한다.
> ㄷ. 피목을 통해 외부와 기체교환을 한다.

① ㄴ   ② ㄷ
③ ㄱ, ㄷ   ④ ㄱ, ㄴ, ㄷ

03. 퓨린 염기의 수가 50개이며 염기 사이의 수소 결합 총 수가 130개인 이중 나선 DNA에서 타이민 염기의 비율은 몇 %인가?

① 20%
② 30%
③ 45%
④ 50%

04. 다음은 시점 t_1에서 근육 원섬유마디 X를 나타낸 것이다. 표는 t_1과 t_2일 때 ㉠의 길이를 나타낸 것이다.

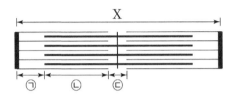

시점	㉠의 길이
t_1	$0.3\mu m$
t_2	$0.5\mu m$

이에 대한 설명 중 옳은 것은?

> ㄱ. X는 다핵세포이다.
> ㄴ. ㉢은 H대에 속한다.
> ㄷ. ㉡의 길이는 t_2시점에서가 t_1시점에서보다 길다.

① ㄱ   ② ㄴ
③ ㄷ   ④ ㄱ, ㄴ, ㄷ

05. 다음 (가)와 (나)는 어떤 세포의 세포주기와 특정 시기에 관찰되는 물질을 나타낸 것이다.

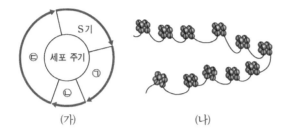

(가)   (나)

이에 대한 설명 중 옳은 것은?

> ㄱ. ㉠은 간기에 속한다.
> ㄴ. ㉡ 시기에 (나)가 관찰된다.
> ㄷ. ㉢ 시기를 조절하는 물질은 사이클린 D이다.

① ㄱ   ② ㄴ
③ ㄷ   ④ ㄱ, ㄷ

06. 생물체는 체내의 지방을 분해해 에너지로 전환 할 수 있다. 에너지를 만들기 위해 1분자의 지방에서 방출된 글리세롤과 지방산은 각각 어떤 물질로 전환되는가?

	글리세롤	지방산
①	해당과정의 피루브산	해당과정의 G3P
②	해당과정의 G3P	아세틸 CoA
③	아세틸 CoA	해당과정의 G3P
④	TCA의 시트르산	TCA의 석신산

07. 그림은 미토콘드리아에서 일어나는 전자전달 과정의 일부를 나타낸 것이다. (가)는 NADH 탈수소효소 복합체를, (나)는 글리세롤-3-인산 탈수소효소를 통한 전자 유입 경로를 나타낸 것이다.

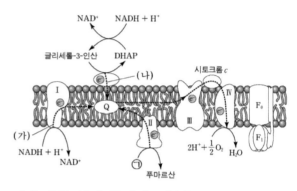

이에 대한 설명 중 옳은 것은?

> ㄱ. ㉠은 석신산(숙신산)이다.
> ㄴ. (가) 경로보다 (나) 경로에서 생성하는 ATP 량이 더 많다.
> ㄷ. (나) 과정은 해당과정에서 만들어진 NADH의 전자 수송이다.

① ㄱ   ② ㄴ
③ ㄷ   ④ ㄱ, ㄷ

08. 그림 (가)는 어떤 동물에서의 세포분열 과정 일부를, (나)는 구간 Ⅰ과 Ⅱ 중 하나에서 관찰되는 세포를 나타낸 것이다.

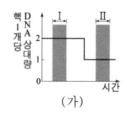   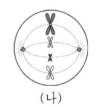

(가)   (나)

이에 대한 설명 중 옳은 것은?

> ㄱ. (가)는 감수 분열 과정이다.
> ㄴ. (나)는 구간 Ⅰ에서 관찰된다.
> ㄷ. 이 동물의 체세포 분열 중기의 세포 1개당 염색체 수는 16개이다.

① ㄱ   ② ㄱ, ㄴ
③ ㄴ, ㄷ   ④ ㄱ, ㄴ, ㄷ

09. 다음 계통수는 형태와 발생학상의 비교를 기준으로 좌우대칭 동물의 동물 문이다.

이에 대한 설명 중 옳은 것은?

> ㄱ. 진체강 동물에서 체강은 공유조상형질이다.
> ㄴ. ⓐ는 내배엽으로 둘러싸인 체강을 가진다.
> ㄷ. 모든 탈피 동물은 진체강 동물에 속한다.

① ㄱ 　　　　　② ㄱ, ㄴ
③ ㄴ, ㄷ 　　　　④ ㄱ, ㄴ, ㄷ

10. 다음은 정상 월경주기를 가지는 여성 A와 B의 임신진단 키트를 이용해 검사를 진행한 것이다. ⊙에는 hCG에 대한 항체가, ⓛ에는 비특이적 항원을 검출할 수 있는 항체가 코팅되어 있다.

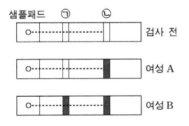

이에 대한 설명 중 옳은 것은? (단, 임신진단키트는 오류가 발생하지 않는다.)

> ㄱ. 여성 A는 황체가 지속적으로 유지된다.
> ㄴ. 여성 B는 에스트로젠 농도가 증가한다.
> ㄷ. 여성 B에서 황체 형성 호르몬 급등 현상이 발생한다.

① ㄱ 　　　　　② ㄴ
③ ㄴ, ㄷ 　　　　④ ㄱ, ㄴ, ㄷ

11. 다음은 밀러와 유리의 아미노산 합성 실험이다.

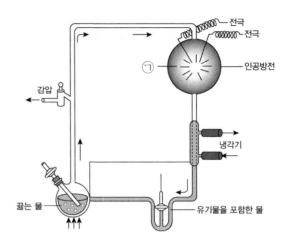

이에 대한 설명 중 옳은 것은?

> ㄱ. ⊙은 NH_3, CH_4와 같은 산화성 기체이다.
> ㄴ. 유기물을 포함한 물에서 아미노산이 검출된다.
> ㄷ. 원시 대기의 산소 농도는 지금보다 높았을 것이다.

① ㄱ 　　　　　② ㄴ
③ ㄴ, ㄷ 　　　　④ ㄱ, ㄴ, ㄷ

12. 표는 유전자형이 RrTtYy인 어떤 식물 P를 자가 수분시켜 얻은 자손(F₁) 800개체의 표현형에 따른 개체수를 나타낸 것이다. 대립 유전자 R, T, Y는 대립 유전자 r, t, y에 대한 각각 완전 우성이다.

표현형	개체수	표현형	개체수
R_T_Y_	300	rrT_yy	50
R_T_yy	100	R_ttY_	150
rrT_Y_	150	R_ttyy	50

이에 대한 설명 중 옳은 것은? (단, 돌연변이와 교차는 고려하지 않는다.)

ㄱ. R과 T는 연관되어 있다.
ㄴ. P에서 형성된 꽃가루 중 RtY의 유전자형을 가지는 꽃가루가 있다.
ㄷ. F₁에서 표현형이 R_T_Y_인 개체들 중 부모의 유전자형과 동일한 자손이 나올 확률은 $\frac{1}{2}$이다.

① ㄴ
② ㄱ, ㄷ
③ ㄴ, ㄷ
④ ㄱ, ㄴ, ㄷ

13. 균류에 속하는 생물군의 특징으로 옳지 않은 것은?

① 접합균류는 균사에 격벽이 없는 다핵세포를 가진다.
② 자낭균류는 분생포자를 가진다.
③ 담자균류는 균사가 모여 자실체를 형성한다.
④ 자낭균류의 대표적인 예로 푸른빵곰팡이가 있다.

14. 다음은 이식 거부 반응에 관한 실험을 나타낸 것이다.

〈실험 과정〉
• 실험 Ⅰ~Ⅲ과 같이 MHC형과 성별에 따라 수여자 생쥐 ㉠~㉢에 피부조직을 이식한 후 이식된 피부 조직의 생존율을 측정한다.

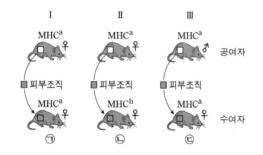

〈실험 결과〉
• 이식된 피부 조직의 생존율(%)

실험	이식 직후	이식 후 15일	이식 후 30일	이식 후 90일
Ⅰ	100	100	100	100
Ⅱ	100	50	0	0
Ⅲ	100	70	50	0

이에 대한 설명 중 옳은 것은? (단, 실험에 사용된 생쥐는 MHC 관련 유전자와 성별을 제외하고 유전적으로 모두 동일하다.)

ㄱ. 이식 거부 반응은 MHC형이 다르면 빨리 일어난다.
ㄴ. MHC형이 동일해도 성별이 다르면 이식 거부 반응이 일어날 수 있다.
ㄷ. 사이클로스포린을 통해 이식 후 거부반응을 완화시키는 억제제로 사용할 수 있다.

① ㄱ
② ㄱ, ㄴ
③ ㄴ, ㄷ
④ ㄱ, ㄴ, ㄷ

15. 그림은 어떤 식물 잎을 서로 다른 두 시점 t_1, t_2 에 각각 채취하여 잎의 색소를 종이 크로마토그래 피법으로 분리한 결과이다. ㉠과 ㉡은 각각 엽록 소 a와 b 중 하나이다.

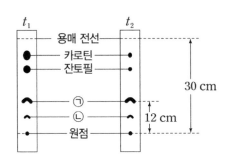

이에 대한 설명 중 옳은 것은?

ㄱ. t_1일 때 엽록소 a의 전개율은 0.4이다.
ㄴ. 광계 Ⅰ의 반응 중심 색소는 ㉡이다.
ㄷ. 프로비타민 A에 해당하는 물질은 카로틴 이다.

① ㄴ
② ㄱ, ㄴ
③ ㄴ, ㄷ
④ ㄱ, ㄷ

16. 다음은 중합 효소 연쇄 반응(PCR)에 대한 자료이다.

• 주형 DNA의 염기서열은 다음과 같다.

3′–GAGAGC ………… CCCAAA–5′
5′–CTCTCG ………… GGGTTT–3′

• 시험관에 2중 가닥인 주형 DNA 3분자, 2종류 의 프라이머, 그리고 반응에 필요한 물질을 충 분히 넣고 PCR을 20회 반복하여 2중 가닥인 주형 DNA 전체를 증폭하였다.

이에 대한 설명 중 옳은 것은? (단, PCR의 각 단 계는 정상적으로 진행되었다.)

ㄱ. DNA 변성과정에서 온도를 높여준다.
ㄴ. 5′–CTCTCG–3′를 프라이머 염기로 사용할 수 있다.
ㄷ. 실험 결과로 얻은 2중 가닥 DNA의 수는 3^{20}이다.
ㄹ. 온천에 서식하는 고세균의 Taq 중합효소를 이용한다.

① ㄱ, ㄴ
② ㄱ, ㄴ, ㄹ
③ ㄱ, ㄴ, ㄷ
④ ㄴ, ㄷ, ㄹ

17. 다음은 멘델 집단을 만족하는 동물 집단 P에 관한 자료이다.

> - 암컷과 수컷의 수는 동일하며, 수컷과 암컷의 성염색체는 각각 XY, XX를 가진다.
> - 눈 색은 X염색체에 존재하는 붉은 눈 대립 유전자 R과 흰눈 대립 유전자 R*에 의해 결정되며, R은 R*에 대해 완전 우성이다.
> - P는 시점 t_1일 때 10000마리로 이루어지며, 이 중 붉은 눈 암컷은 3200마리이다.
> - P는 시점 t_2일 때 개체수가 t_1일 때보다 2배이다.

이에 대한 설명 중 옳은 것은?

> ㄱ. P에서 R의 빈도는 0.6이다.
> ㄴ. t_2일 때 P에서 붉은 눈 암컷의 개체 수는 6400이다.
> ㄷ. 흰 눈 수컷이 임의의 붉은 눈 암컷과 교배하여 자손을 낳았을 때, 이 자손에서 흰 눈 암컷이 태어날 확률은 $\frac{3}{8}$이다.

① ㄴ   ② ㄱ, ㄴ
③ ㄴ, ㄷ   ④ ㄱ, ㄷ

18. 시각이 성립하는 과정을 설명한 것으로 옳은 것은?

> ㄱ. 쌍극세포는 광수용기세포로 받은 정보를 신경절세포로 전달한다.
> ㄴ. 신경절 세포는 여러 개의 쌍극세포로부터 받은 정보를 받아 시신경을 통해서 뇌로 전달한다.
> ㄷ. 수평 세포는 쌍극세포 및 신경절 세포와 시냅스를 형성하고 빛 자극을 민감하게 유지되도록 한다.
> ㄹ. 아마크린 세포는 광수용기 세포 및 쌍극세포와 시냅스를 형성하고 명암의 차이를 더욱 선명하게 한다.

① ㄱ, ㄴ   ② ㄱ, ㄹ
③ ㄴ, ㄷ   ④ ㄱ, ㄴ, ㄷ, ㄹ

19. 생태계의 평형에 관한 설명으로 옳지 않은 것은?

① 생태계의 어느 한 영양단계의 개체수가 변화해도 시간이 지나면 다시 평형 상태를 이룬다.
② 초식 동물의 지속적인 소비에도 식물이 여전히 많이 존재하는 이유를 설명하는 것이 녹색세상 가설이다.
③ 먹이 사슬을 통해 전달되는 에너지는 점차 감소하므로 사슬의 길이 또한 제한된다.
④ 동적 안정 가설은 지속적인 먹이 사슬 길이의 변화가 생태계 평형을 안정화 한다는 가설이다.

20. 광 형태형성을 조절하는 광수용체에 대한 설명으로 옳은 것은?

> ㄱ. 피토크롬은 주로 적색광을 흡수하는 광수용체이다.
> ㄴ. 단일식물에게 긴 암처리 중 660nm의 비추면 개화한다.
> ㄷ. 단일식물에게 긴 암처리 중 730nm을 비춘 다음에 660nm을 비추면 개화한다.
> ㄹ. Pfr형으로 전환되면 핵 내로 이동하여 유전자 발현을 조절한다.

① ㄱ, ㄴ   ② ㄱ, ㄹ
③ ㄴ, ㄷ   ④ ㄱ, ㄴ, ㄷ, ㄹ

제9회 최종모의고사

응시번호_____ 성명_____ 점수_____점

01. 동위원소로 표지된 뉴클레오타이드를 이용해서 DNA를 복제하려고 할 때 DNA복제정도를 알아 보기 위해서 실험에 이용할 수 없는 동위원소는?

① ^{14}C ② ^{15}N
③ ^{35}S ④ ^{32}P

02. 얼음이 물위에 뜨는 이유는?

ㄱ. 물이 얼면 질량이 작아지기 때문이다.
ㄴ. 물이 얼면 부피가 작아지기 때문이다.
ㄷ. 물이 얼면 밀도가 커지기 때문이다.
ㄹ. 물이 얼면 물 분자들이 액체일 때보다 멀리 떨어지기 때문이다.
ㅁ. 물이 얼면 수소결합이 끊어지기 때문이다.

① ㄱ, ㄴ, ㄷ   ② ㄴ, ㄷ, ㅁ
③ ㄹ, ㅁ   ④ ㄹ

03. 생체 고분자물질에 대한 다음 설명 중 옳은 것은?

ㄱ. 중성지방은 3개의 지방산이 글리세롤의 골 격에 에스터결합을 하고 있다.
ㄴ. 콜라겐은 다당류로서 아교질섬유나 세망섬 유와 같은 결합조직을 구성하는 섬유이다.
ㄷ. 고온에서 단백질이 변성되는 것은 펩타이드 결합이 끊어지기 때문이다.
ㄹ. 단백질의 2차구조는 곁가지간의 수소결합에 의해서 유지된다.

① ㄱ   ② ㄱ, ㄴ
③ ㄱ, ㄷ, ㄹ   ④ ㄱ, ㄴ, ㄷ, ㄹ

04. 그림은 리소좀과 미토콘드리아의 공통점과 차이 점을 나타낸 것이다. 이에 대한 옳은 설명만을 고 른 것은?

ㄱ. '세포 내 소화를 담당한다.'는 ㉠에 해당한 다.
ㄴ. '효소가 들어 있다.'는 ㉡에 해당한다.
ㄷ. '모든 세포에서 관찰된다.'는 ㉢에 해당한다.

① ㄱ   ② ㄱ, ㄴ
③ ㄱ, ㄷ   ④ ㄱ, ㄴ, ㄷ

05. 접안렌즈(×20)와 대물렌즈(×10)를 사용해서 대 물 마이크로미터와 접안 마이크로미터를 끼우고 관찰한 결과 대물 마이크로미터 3눈금과 접안 마 이크로미터 12눈금이 일치하였다.
재물대에 짚신벌레를 올려놓고 대물렌즈(×20)를 사용해서 짚신벌레를 관찰한 결과 짚신벌레는 접 안 마이크로미터 20눈금에 해당되었다면 짚신벌 레의 크기는 몇 μm가 되겠는가?

① $12.5\mu m$ ② $25\mu m$
③ $50\mu m$ ④ $100\mu m$

06. 폐렴 유발 박테리아에 관한 그리피스(Griffith)의 연구를 통해 밝혀진 사실은 다음 중 무엇인가?

① 유전자의 본질은 DNA이다.
② 열에 내성이 있는 화학물질 중 일부는 비병원성 세포를 병원성 세포로 전환시킬 수 있다.
③ T2파지의 유전물질은 DNA이다.
④ 가열해서 파괴된 비병원성 세포가 병원성 세포로 변했다.

07. 그림 (가)는 세포 호흡 저해제 ㉠과 ㉡의 작용을, (나)는 저해제 A와 B를 미토콘드리아에 차례로 처리했을 때 시간에 따른 총 산소 소비량을 나타낸 것이다. ㉠은 올리고마이신, ㉡은 DNP(짝풀림제)이며 A와 B는 각각 ㉠과 ㉡ 중 하나이다.

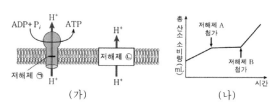

(가)   (나)

이에 대한 옳은 내용을 모두 고른 것은?

ㄱ. A는 ㉠, B는 ㉡이다.
ㄴ. ㉠을 처리하면 미토콘드리아 내막에서 전자 전달이 억제된다.
ㄷ. ㉡을 처리하면 미토콘드리아 기질에서 NAD^+의 환원이 일어나지 않는다.

① ㄱ
② ㄱ, ㄴ
③ ㄴ, ㄷ
④ ㄱ, ㄴ, ㄷ

08. 그림은 광합성이 활발히 일어나는 어떤 식물에서 광합성 과정의 일부를 나타낸 것이다.

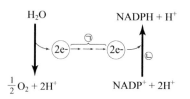

이에 대한 설명으로 옳은 내용을 있는 대로 고른 것은?

ㄱ. ㉠과정에서 P_{700}이 작용한다.
ㄴ. ㉠과정에서 스트로마의 H^+이 틸라코이드 내부로 능동 수송된다.
ㄷ. ㉡과정이 억제되면 스트로마에서 $\dfrac{G3P의\ 양}{3PG의\ 양}$의 양은 증가한다.

① ㄱ
② ㄴ
③ ㄱ, ㄴ
④ ㄴ, ㄷ

09. 유전자형이 AaBbDd인 식물 (가)를 자가 교배하여 다음과 같은 결과를 얻었다.

F_1의 표현형	개체 수
A_B_D_	300
A_bbD_	150
aaB_dd	150

이에 대한 설명으로 옳은 것만을 고른 것은? (단, 돌연변이와 교차는 고려하지 않는다.)

ㄱ. (가)에서 만들어지는 생식 세포의 유전자형은 4종류이다.
ㄴ. 유전자A와 d는 같은 생식 세포에 들어 있다.
ㄷ. A와 D는 독립유전 한다.

① ㄱ
② ㄴ
③ ㄷ
④ ㄱ, ㄷ

10. 상염색체에 존재하는 유전병 A유전자는 정상 유전자에 대해 열성이며, 이 멘델집단 내에서 유전병 A 환자는 100명 중 1명꼴로 나타난다. 다음은 이 집단에 속해 있는 어느 집안의 가계도를 나타낸 것이다.

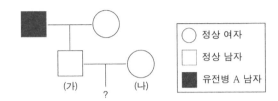

(가)와 (나) 사이에서 아이가 태어날 때 이 아이에게 유전병 A가 나타날 확률은?

① $\frac{1}{22}$

② $\frac{1}{11}$

③ $\frac{2}{11}$

④ $\frac{1}{10}$

11. 오페론(operon)에 대한 설명으로 옳은 것은?

① 오페론은 유전자들의 묶음이고 유전체 상에서 서로 인접해있다.

② 오페론에서 구조유전자들은 서로 같은 단백질들을 암호화하고 있다.

③ 유전자의 발현 여부를 결정하는 프로모터와 연관된 서열들을 repressor라 한다.

④ operator 부위에 결합된 repressor는 오페론에서 구조유전자들의 전사를 활성화한다.

12. STR(shot tandem repeat: 단연쇄직렬반복)은 무엇에 유용한 수단으로 활용되는가?

① 유전자 프로파일링

② 마이크로어레이 분석

③ 핵산 혼성화에서 유전자 탐침으로 이용

④ DNA염기서열 분석

13. 자포동물의 자포의 용도는?

① 기체교환

② 배설기

③ 먹이포획

④ 생식

14. 다음은 동물과 식물의 구성체제의 예를 나타낸 것이다. 이에 대한 설명으로 옳은 것은?

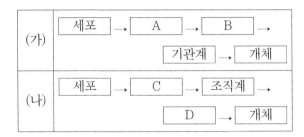

ㄱ. 혈관은 A에 해당된다.
ㄴ. 콩팥은 B에 해당된다.
ㄷ. C에는 분열조직과 영구조직이 있다.
ㄹ. 씨는 D에 해당된다.

① ㄱ, ㄷ

② ㄴ, ㄷ, ㄹ

③ ㄱ, ㄴ, ㄷ

④ ㄱ, ㄴ, ㄷ, ㄹ

15. 다음은 여성의 생식주기를 나타낸 것이다. A~C는 프로제스테론, FSH, LH를 순서 없이 나타낸 것이다.

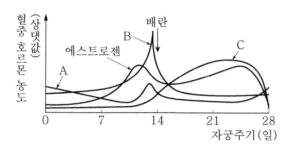

이에 대한 설명 중 옳은 것은?

> ㄱ. A는 FSH, B는 LH이다.
> ㄴ. C는 자궁 내벽을 유지하는 기능을 가진다.
> ㄷ. B의 여부를 통해 임신테스트기로 임신을 확인할 수 있다.

① ㄱ　　　　　　　② ㄷ
③ ㄱ, ㄴ　　　　　④ ㄱ, ㄴ, ㄷ

16. 그림은 항원A와 항원B가 인체에 침입 했을 때 생성되는 항체의 농도 변화를 나타낸 것이다. 이에 대한 설명으로 옳은 것만을 〈보기〉에서 있는 대로 고른 것은?

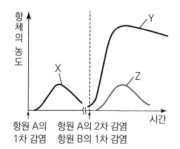

── 〈보기〉 ──
> ㄱ. Z는 항원 B에 대한 항체의 농도 변화이다.
> ㄴ. X와 Z는 1차 방어 작용, Y는 2차 방어 작용 때 나타난다.
> ㄷ. 항원A의 2차 감염 시에는 기억세포가 형성되지 않는다.

① ㄱ　　　　　　　② ㄴ
③ ㄷ　　　　　　　④ ㄱ, ㄴ

17. 공변세포의 세포벽은 셀룰로스인 미세섬유로 되어 있는데 기공을 중심으로 어떤 모양으로 배열되어 있는가?

① 타원형
② 방추형
③ 방사형
④ 나선형

18. 씨앗의 발아와 눈의 발달(종자와 눈의 휴면을 깨워 발아촉진)에 관여하며, 줄기 신장, 잎의 생장을 촉진하는 식물의 호르몬은?

① 에틸렌
② 사이토키닌
③ 지베렐린
④ 옥신

19. 어떤 지역에서 식물 군집의 천이가 진행되는 과정에서 나타나는 현상에 대한 설명으로 옳은 것을 있는 대로 고른 것은?

> ㄱ. 군집의 층상 구조가 발달한다.
> ㄴ. 극상에 다다르면 r－선택종이 우점종으로 된다.
> ㄷ. 군집에서 잎의 평균 두께가 증가한다.
> ㄹ. 군집 내 잎의 면적이 좁아진다.

① ㄱ　　　　　　　② ㄱ, ㄴ
③ ㄴ, ㄷ, ㄹ　　　④ ㄱ, ㄷ, ㄹ

20. 생태계에서 낮은 영양 단계에서 높은 영양 단계로
    높아질수록 증가하는 것끼리 묶은 것은?

ㄱ. 에너지 효율		ㄴ. 에너지 양	
ㄷ. 개체 수		ㄹ. 생물량	
ㅁ. 생물농축			

① ㄱ, ㄴ   ② ㄱ, ㅁ

③ ㄴ, ㄷ, ㄹ   ④ ㄷ, ㄹ, ㅁ

제10회 최종모의고사

응시번호 _____ 성명 _____ 점수 _____ 점

01. 지방산과 알코올이 결합된 지질로 사과나 배와 같은 과일의 표면을 형성하며 곤충의 두꺼운 층을 형성하여 건조로부터 보호 할 수 있는 지질은?

   ① 인지질
   ② 스테로이드
   ③ 글리세롤
   ④ 왁스

02. 유기화합물의 작용기에 대한 설명 중 옳지 않은 것은?

   ① 카복시기를 갖는 화합물을 카복실산 또는 유기산이라 한다.
   ② 하이드록시기는 알코올의 주요 구성요소이다.
   ③ 아미노기만 갖는 화합물을 아미노산이라 한다.
   ④ 카보닐기를 갖는 화합물에는 케톤과 알데하이드가 있다.

03. 음의 ΔG값에 대한 설명 중 잘못된 것은?

   ① 자발적 반응
   ② 발열반응
   ③ 반응물이 생성물보다 더 많은 자유에너지를 가지고 있음
   ④ 광합성과 같은 반응

04. 한 개체가 I^A와 I^B 두 개의 혈액 대립 유전자들을 모두 가질 때, 두 유전자는 모두 발현이 되고 그 개체는 AB형의 혈액을 갖게 된다. 이 현상은 무엇이라고 하는가?

   ① 공동 우성
   ② 양성 잡종
   ③ 다면 발현
   ④ 불완전우성

05. 소화 기능에 대한 설명으로 옳은 것은?

   ① 위에서 단백질의 소화가 완전히 이루어진다.
   ② 위액은 뮤신, 펩시노젠, 염산 등의 혼합물로 된 담황색의 액체이다.
   ③ 양분의 흡수는 주로 십이지장에서 이루어진다.
   ④ 장액에는 탄수화물, 단백질, 지방 소화효소가 모두 들어있다.

06. 다음은 어떤 집안의 ABO식 혈액형에 대한 가계도이다. X의 혈액형이 AB형일 확률은? (단, P에서 ABO식 혈액형의 유전자형은 모두 이형접합이다.)

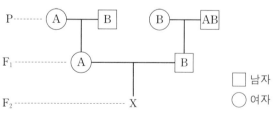

   ① $\dfrac{3}{4}$ ② $\dfrac{1}{2}$

   ③ $\dfrac{7}{16}$ ④ $\dfrac{3}{8}$

07. NADP$^+$와 NADPH에 대한 설명 중 옳은 것은?

> ㄱ. NADP$^+$는 전자를 전자전달계에 이동시키
> 는 역할을 한다.
> ㄴ. NADP$^+$는 조효소이다.
> ㄷ. NADP$^+$는 환원형이다.
> ㄹ. NADPH는 산화형이다.

① ㄱ   ② ㄴ
③ ㄱ, ㄴ ④   ㄱ, ㄴ, ㄷ, ㄹ

08. 다음 중 사이클린B가 CdK와 결합할 수 없게 만드는 돌연변이로 인해 발생되는 결과로 가장 알맞은 것은?

① G_1/S검문지점을 통과할 수 없게 된다.
② G_1/S검문지점을 통과해서 DNA복제 없이 세포분열을 하게 된다.
③ G_2/M검문지점을 통과할 수 없게 되어 세포분열기로 진입할 수 없게 된다.
④ G_2/M검문지점을 통과해서 세포분열을 하게 된다.

09. DNA염기서열이 5′-AGCCTA-3′일 때 tRNA의 염기서열로 옳은 것은?

① 3′-UCGGAU-5′
② 3′-UAGGCU-5′
③ 5′-AGCCUA-3′
④ 5′-AUCCGA-3′

10. 주조직적합성 복합체(MHC)에 대한 설명 중 옳지 않은 것은?

① 장기이식 수술시의 거부반응은 이 MHC 단백질 때문이다.
② Ⅰ형 MHC를 인식하는 수용체를 갖는 것은 세포독성 T세포이다.
③ Ⅱ형 MHC를 인식하는 수용체를 갖는 것은 도움 T세포이다.
④ Ⅰ형 MHC와 CD4의 기능은 Ⅱ형 MHC와 CD8의 기능과 아주 유사하다.

11. 태아에서의 산소의 유입이 용이한 이유는?

① 태아의 헤모글로빈보다 모체의 헤모글로빈이 산소에 대한 친화력이 크기 때문이다.
② 모체의 헤모글로빈보다 태아의 헤모글로빈이 산소에 대한 친화력이 크기 때문이다.
③ 모체의 헤모글로빈보다 태아의 헤모글로빈이 이산화탄소에 대한 친화력이 크기 때문이다.
④ 태아의 헤모글로빈보다 모체의 헤모글로빈이 이산화탄소에 대한 친화력이 크기 때문이다.

12. 척추동물의 기관 중 중배엽에서 발생되는 것은?

> ㄱ. 췌장   ㄴ. 신장
> ㄷ. 심장   ㄹ. 방광
> ㅁ. 정소

① ㄱ, ㄹ   ② ㄴ, ㅁ
③ ㄴ, ㄷ, ㄹ   ④ ㄴ, ㄷ, ㅁ

13. 척추동물의 광수용기에 대한 설명으로 옳지 않은 것은?

① 활성화된 로돕신은 트랜스듀신(transducin)이라는 G단백질을 활성화시킨다.
② 트랜스듀신이라는 G단백질은 포스포다이에스터레이스(PDE)를 활성화시킨다.
③ 활성화된 PDE는 cAMP를 AMP로 가수분해하여 cAMP를 Na통로로부터 분리시킨다.
④ Na통로로부터 분리되면 Na통로가 닫히고 과분극된다.

14. 어떤 멘델집단에서 5000명당 2명이 페닐케톤뇨증 환자라고 가정했을 때 하디바인베르크의 법칙에 따라 페닐케톤뇨증의 보인자의 비율은 얼마나 될까?

① 0.4%
② 0.98%
③ 1.96%
④ 3.92%

15. 동물계의 종류와 그 동물에 속하는 대표적인 특징을 옳게 나타낸 것으로 묶인 것은?

> ㄱ. 자포동물: 변형세포, 세포내외소화
> ㄴ. 선형동물: 탈피동물, 완전한 소화관
> ㄷ. 연체동물: 외투막, 섬모환
> ㄹ. 환형동물: 동규체절, 폐쇄순환계, 탈피동물
> ㅁ. 절지동물: 이규체절, 신관, 외골격

① ㄱ, ㄷ
② ㄴ, ㅁ
③ ㄴ, ㄹ, ㅁ
④ ㄱ, ㄷ, ㄹ, ㅁ

16. 혈전용해에 관여하는 효소로서 심장발작에 의한 출혈증상을 완화하는 작용을 하는 기능이 있는 조직 플라스미노젠 활성화효소(tissue plasmogen activator, TPA)는 표피성장인자, 피브로넥틴, 플라스미노젠에서 유래한 세 개의 도메인을 지닌 단백질이다. 이와 같이 새로운 기능의 단백질을 만들어 낼 수 있는 것은 무엇으로 설명 할 수 있는가?

① DNA메틸화
② exon shuffling
③ 엑손 복제
④ alternative RNA splicing

17. 다음 중 부갑상샘 호르몬의 분비결과 나타나는 현상은?

① 소장의 융털돌기에서 칼슘의 흡수 감소
② 세뇨관에서 칼슘재흡수 촉진
③ 세뇨관에서 나트륨재흡수 촉진
④ 뼈의 칼슘 농도 증가

18. 식물이 질소를 어떤 형태로 토양으로부터 흡수하는가?

> ㄱ. 질산염   ㄴ. 아질산염
> ㄷ. HNO_3 ㄹ. 암모늄염

① ㄱ, ㄴ
② ㄷ, ㄹ
③ ㄱ, ㄹ
④ ㄷ, ㄹ

19. 그림 (가)는 진핵생물의 편모를, (나)는 원핵생물의 편모를 나타낸 것이다.

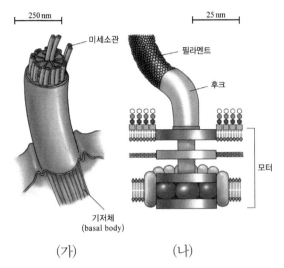

(가)　　　　(나)

이에 대한 설명으로 옳은 것은?

① (가)의 운동에 디네인(dynein)이 관여한다.
② (가)의 기저체는 9+2의 미세소관 구조를 가진다.
③ (나)의 필라멘트의 단위체는 튜불린 이합체이다.
④ (나)의 운동에 키네신(kinesin)이 필요하다.

20. 그림은 폐활량계를 이용해 측정한 정상인의 호흡곡선이다.

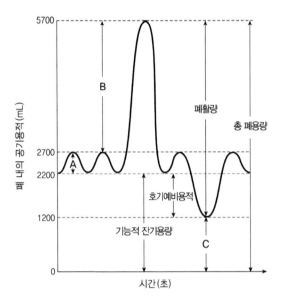

이에 대한 설명으로 옳은 것만 있는 대로 고른 것은?

ㄱ. A는 1회 호흡량이다.
ㄴ. B는 의식적 호흡운동을 통해 최대로 내쉴 수 있는 호흡량이다.
ㄷ. C는 최대로 숨을 내쉬어도 몸에 남아 있는 양이다.

① ㄱ
② ㄴ
③ ㄱ, ㄷ
④ ㄱ, ㄴ, ㄷ

합격해

생물

전공모의고사
vol.1

해설편

01	02	03	04	05	06	07	08	09	10
②	④	④	④	②	④	④	④	②	④

11	12	13	14	15	16	17	18	19	20
③	③	③	④	②	②	④	②	③	①

01 [호흡저해제, 난이도 중]

해설

로테논은 전자전달복합체 I 을 차단하므로 NADH를 통한 H^+ 농도 기울기를 형성하지는 못하지만 숙신산에 의한 $FADH_2$는 공급되므로 H^+ 이동은 가능하다. 따라서 농도기울기가 형성되므로 TCA와 관련 없이 ATP를 합성할 수 있다.

02 [유전병, 난이도 하]

해설

헌팅턴 무도병은 우성 유전된다.

03 [식물의 생활사, 난이도 하]

해설

접합자(2n) → 포자체(2n) → 포자낭(2n) → 포자(n) → 배우체(n) → 배우자(n) → 수정(접합)(2n) → 접합자(2n)

04 [염색법, 난이도 중]

해설

④ 사프라닌을 처리하면 그람음성균이 붉은색으로 염색된다.

05 [유전자 지도, 난이도 중]

해설

1. a를 중심으로 b와 c의 위치를 표시하면
   b - 11% - a - 10% - c(c - a - b도 가능)
2. d를 중심으로 b와 c의 위치를 표시하면
   b - 7% - d - 14% - c(c - d - b도 가능)
3. 양쪽에 b와 c를 끝점으로 두면 a와 d 중에 d가 b에 가까우므로 순서는 b - d - a - c가 된다.

06 [배설계, 난이도 상]

해설

ㄱ. 혈압이 낮아지면 레닌에 의해 안지오텐신 II 가 작용하게 되며 알도스테론에 의해 신장에서 NaCl의 재흡수를 촉진시킨다.
ㄷ. 출혈이 발생하면 전체 혈액량이 감소하므로 수분만 재흡수하는 ADH의 분비보다 RAAS가 작용한다.

07 [남성의 생식기관, 난이도 중]

해설

④ 정자는 정낭이 아니라 부정소에서 운동 능력을 갖춘다. 정낭은 정자 운동에 필요한 영양 물질을 만드는 곳이다.

08 [기공 개폐, 난이도 상]

해설

ㄷ. 포토트로핀과 동일한 기능을 하는 제아잔틴이 결핍되면 광수용체가 없는 상태이므로 실험 II 와 같이 광합성에 의해서 일어나는 기공개폐만 있을 뿐, 광수용체에 의한 기공개폐는 더 이상 일어나지 않는다.

09 [비타민, 난이도 하]

해설

① 아스코르브산은 비타민 C - 수용성
② 필로퀴논은 비타민 K - 지용성
③ 레티놀은 비타민 A - 지용성
④ 칼시페롤은 비타민 D - 지용성

10 [하디-바인베르크 법칙, 난이도 중]

해설

1000마리 중 40마리가 열성이므로 $q^2 = 0.04$, $q = 0.2$
따라서 $p = 0.8$, $p^2 = 0.64$
$2pq = 2 \times 0.8 \times 0.2 = 0.32$
100마리 중 $0.32 \times 1000 = 320$마리

11 [생장곡선, 난이도 중]

해설

$K = 600$
$N = 300$
$r_{max} = 0.2$
$dN / dt = r_{max} N(K - N) / K$이므로
대입하여 계산하면
$0.2 \times 300(600 - 300) / 600$이므로
$150 \times 0.2 = 30$

12 [세포 골격, 난이도 중]

해설

① 간극연접은 세포간 물질 이동을 원활하게 한다.
② 부착연접은 세포를 조여 섬유와 함께 고정시킨다.
④ 코넥손은 간극연접을 구성하는 물질이다.

13 [염기서열 분석법, 난이도 상]

해설

ㄴ. ddTTP만 넣고 dTTP는 넣지 않았으므로 항상 주형가닥의 A 자리(신생가닥의 T자리)에서만 종결된다. 따라서 처음 나오는 주형가닥의 A자리에서 종결이 일어나 한 개의 밴드만 관찰된다.

14 [광합성, 난이도 하]

해설

C_3는 CO_2와 RuBP와 결합하여 인산글리세르산이 된다.
C_4는 엽육 세포에서 옥살아세트산이 된다.
CAM은 밤 시간 때 옥살아세트산이 된다.

15 [자극의 전도, 난이도 상]

해설

ㄴ. t_2 이후 d_1 지점에서는 말이집 때문에 활동전위가 발생하지 않는다.

ㄷ. t_1일 때 d_3 지점은 전달을 통한 자극의 이동이 없으므로 통로를 통한 이동은 없다.

16 [가계도, 난이도 중]

해설

ㄴ. A^*을 가진 사람은 총 8명이다.(전부)

ㄷ. 유전병일 확률은 $\frac{1}{2}$이고 딸이 태어날 확률은 $\frac{1}{2}$이므로 $\frac{1}{4}$ 이다.

17 [DNA량 변화, 난이도 중]

해설

ㄱ. 간기(S기) 시기에는 핵막 때문에 염색체가 관찰되지 않는다.

ㄷ. (가)는 체세포 분열, (나)는 생식세포 분열이므로 핵상이 서로 다르다.

18 [천이, 난이도 중]

해설

② 양수림 단계에서는 음수 묘목의 피도가 양수 묘목의 피도보다 더 크다.

19 [DNA 복제, 난이도 중]

해설

① 진핵생물은 복제 원점이 여러 개지만 세균(원핵생물)은 하나이다.

② 피로인산(인산 2개)가 떨어져 나가며 중합된다.

④ 세균은 원형의 DNA를 가지므로 손상되는 부분이 없다.

20 [생식적 장벽, 난이도 중]

해설

① (가)의 설명은 비정상적인 발생으로 배아기나 유아기에 죽는 것을 의미하므로 잡종 생존 불능(잡종 치사)이다.

01	02	03	04	05	06	07	08	09	10
①	②	④	③	③	④	③	③	③	④
11	12	13	14	15	16	17	18	19	20
③	③	②	②	②	③	④	②	④	④

01 [생명체의 화학적 성분, 난이도 하]

해설

ㄹ. 키틴은 $\beta(1-4)$ 결합을 가진다.

02 [세포의 특성, 난이도 중]

해설

세포벽이 제거 되었으므로 침전물Ⅰ=핵, 침전물Ⅱ=엽록체, 침전물Ⅲ=미토콘드리아이다.

따라서

ㄱ. 침전물Ⅰ : 핵이므로 셀룰로오스가 없다.

ㄴ. 침전물Ⅱ : 엽록체에는 원형 DNA가 있다.

ㄷ. 침전물Ⅲ : 미토콘드리아에는 물질대사가 일어난다.

03 [효소, 난이도 중]

해설

ㄱ. 경쟁적 저해제가 있다면 ⓑ와 같은 그래프가 나타난다.

04 [세포분열과 염색체, 난이도 중]

해설

ㄷ. 문제에서 사람이라고 제시했으므로 2n=46인 정상 생식세포는 n=23이 된다. 이때 상염색체의 수는 22이다. B의 성염색체 수는 2이므로 답은 11이다.

05 [염색체와 유전현상, 난이도 상]

해설

비분리가 부부 중 1명에게만 1회 발생해야 하고 정상인 부모에게서 적록색맹인 남성이 태어나야 하므로 X*Y이거나 X*X*Y이여야 한다. 이때 부모가 정상이므로 X* 염색체를 물려 줄 수 있는 사람은 보인자인 어머니뿐이다. 따라서 어머니가 X*를 물려줄 때 1개만 물려준다면 아버지도 1개를 물려주게 되므로 비분리가 없고 어머니가 X* 2개를 물려주면 비분리 1회의 조건을 만족하므로 어머니가 X*X*를, 아버지가 Y를 물려주게 되고 어머니는 2감수 비분리가 발생하였다.

06 [면역계, 난이도 상]

해설

ㄷ. 실험 (가)에서 CTL의 증가로 정상 생쥐의 종양 부피는 감소하였지만 실험 (나)에서 NK의 증가로 종양의 부피가 감소하지 않았다.

07 [혈구의 응집과 혈액형, 난이도 중]

해설

가족 모두가 혈액형이 다르므로 문제 조건에 따라 4가 AB형이므로 1, 2: A형 또는 B형, 3: O형이 된다. 따라서

ㄱ. 핵형 분석이 가능한 혈구는 핵이 있는 백혈구이므로 혈구 ㉠은 응집 반응이 일어나지 않는다. (응집원은 적혈구에 존재한다.)

ㄴ. 1과 2는 AO형 또는 BO형이므로 이형접합이다.

ㄷ. 21번이 3개이므로 다운 증후군이다.

ㄹ. 1과 2는 AO형 또는 BO형이므로 서로 응집한다.

08 [호르몬, 난이도 중]

해설

ㄹ. ADH는 수분 재흡수를 촉진해 혈장의 수분량이 증가하므로 혈장 삼투압은 낮아진다.

09 [군집, 난이도 하]

해설

ㄱ. 텃세는 개체군 내 상호작용이다.

ㄷ. 맛 좋고 해가 없는 종이 맛없고 해로운 종을 흉내 내는 것이 베이츠 의태이다. 밀러 의태는 맛없는 종들끼리 서로 닮는 것이다.

10 [환경오염, 난이도 하]

해설

④ 오염의 문제는 질산염과 인산염의 축적이다.

11 [세포의 신호전달, 난이도 중]

해설

③ GDP가 떨어지고 GTP가 결합한다.

12 [세포호흡, 난이도 중]

해설

ㄱ. 피루브산이 아세틸-CoA로 전환될 때 ATP는 생성되지 않는다.

ㄷ. 산소가 부족한 상태의 근육세포는 피루브산의 환원을 통해 NAD^+를 얻을 수 있다.

13 [광호흡, 난이도 하]

해설

② C_3는 3-PG, C_4는 옥살아세트산이 최초 광합성 산물이다.

14 [DNA 반보존적 복제, 유전자 발현, 난이도 중]

해설

ㄴ. 복제 원점으로부터 더 가까운 ㉠이 ㉡보다 먼저 만들어 졌다.

15 [유전자의 본질, 난이도 하]

해설

ㄴ. R형균이다.

16 [바이러스, 난이도 중]

해설

ㄱ. 코로나 바이러스는 양성 단일 가닥 RNA 바이러스이다. 그림은 바이러스 유전체에서 바로 단백질이 합성될 수 있으므로 양성 단일 가닥 RNA 바이러스이다.

ㄷ. 바이로이드는 원형 RNA 분자로 식물 감염체이다.

17 [DNA 기술, 난이도 중]

해설

ㄱ. 서던 블로팅은 DNA 절편의 유무를 검정할 수 있다.

ㄴ. 역분화 줄기세포는 성체 줄기세포를 이용한다.

ㄷ. RFLP는 기능은 알 수 없다.

18 [계통분류학, 난이도 하]

해설

ㄱ. A와 B는 동일한 과이므로 같은 목이다.

ㄴ. D는 2명법이다.

ㄷ. 종명이 같을 뿐 다른 종이다.

19 [원생생물계, 식물계, 균계, 난이도 중]

해설

A: 유글레나 / 단세포 / 독립 / 분열법
B: 우산이끼 / 다세포 / 독립 / 포자
C: 아메바 / 단세포 / 종속 / 분열법
D: 붉은빵곰팡이 / 다세포 / 종속 / 포자
붉은빵곰팡이는 자낭균류이다.

20 [식물의 구조, 난이도 중]

해설

(가): 뿌리털, (나): 관다발 기둥, (다): 피층이다.

ㄱ. 뿌리털은 표면적을 넓힌다.

ㄴ. 관다발 기둥의 가장 바깥쪽이 내초이며 곁뿌리를 만든다.

ㄷ. 피층에서 물과 무기양분을 뿌리 중앙으로 수송한다.

제3회 최종 모의고사

01	02	03	04	05	06	07	08	09	10
③	④	②	③	④	②	②	②	③	②
11	12	13	14	15	16	17	18	19	20
①	④	①	②	②	④	③	②	③	④

01 [생명체의 화학적 성분, 난이도 하]

해설

ㄴ. 중성 지방은 1분자의 글리세롤과 3분자의 지방산으로 구성되어 있다.

02 [세포의 구조와 기능, 난이도 중]

해설

(나): 미토콘드리아, (다): 엽록체로 둘 다 자신이 사용할 리보솜이 존재한다.

03 [효소, 난이도 중]

해설

ㄱ. A는 주효소, B는 보조인자이다.

ㄷ. NAD^+는 보조인자 이다.

04 [세포주기, 난이도 상]

해설

ㄱ. 회전방향은 ⓑ이다. (가) 그래프의 가장 많은 세포가 있는 Ⅰ이 G_1기이므로 (나)의 가장 넓은 부위가 G_1기이다.

ㄴ. 핵형분석은 염색체가 보여야 하므로 간기때는 부적절하다.

05 [멘델의 유전자 개념, 난이도 중]

해설

(1) 4개: AABB가 전체 16개 중 1개 = $\dfrac{1}{16}$

(2) 3개: AABb와 AaBB가 전체 16개 중 각각 2개씩 = $\dfrac{4}{16}$

$\therefore \dfrac{1}{16} + \dfrac{4}{16} = \dfrac{5}{16}$

06 [동물의 체계와 생리, 난이도 하]

해설

② 혈관은 결합조직이 아니라 기관이다.

07 [소화와 흡수, 난이도 중]

해설

ㄱ. (다)를 통해 암모니아가 요소로 전환된다.

ㄷ. 흡수되지 않은 영양소는 대변이다. (다)를 통해 배출된다.

08 [면역계, 난이도 하]

해설

대식세포의 식균 작용으로 MHC II형으로 항원을 제시하면 도움 T세포가 이를 TCR로 인지하고 대식세포가 사이토카인을 분비하고, 도움T세포가 B세포에게 사이토카인을 분비한다. B세포는 활성화 되고 이는 형질세포와 기억세포로 분화해 형질세포는 항체를 분비하게 된다.

09 [호흡계, 난이도 중]

해설

호기 예비용적: 6,000 - 3,500 - 1,500 = 1,000

10 [뉴런의 전도와 전달, 난이도 하]

해설

ㄷ. 전기적 시냅스는 간극연접을 통해 직접 연결되어 화학적 시냅스보다 빠르게 전달된다.

11 [근골격계, 난이도 상]

해설

• 평활근: ㄱ, ㄴ, ㅁ
• 심근: ㄴ, ㄷ, ㄹ, ㅁ
• 골격근: ㄹ

12 [신경계, 난이도 하]

해설

④ 측두엽에서는 청각과 후각을 담당한다.
미각은 두정엽에서 담당한다.

13 [호르몬, 난이도 하]

해설

장기간의 스트레스 시 부신 겉질에서 무기질 코르티코이드와 당질 코르티코이드가 분비된다.
① 무기질 코르티코이드에 의해 신장에서 칼륨 이온의 분비량이 촉진한다.

14 [동물의 발생, 난이도 중]

해설

ㄴ. 난황낭은 포유류에서 혈구세포가 최초로 형성하는 장소이다.

ㄷ. 양막은 배외막 중 가장 안쪽에 위치한다.

15 [세포호흡, 난이도 중]

해설

ㄴ. TCA 회로에서는 기질 수준 인산화만 발생한다.

ㅁ. 석신산에서 푸마르산이 될 때는 FAD가 환원된다.

16 [광합성, 난이도 중]

해설

ㄱ. 캘빈회로는 엽록체의 스트로마에서 일어난다.

ㄹ. 1분자의 포도당을 생성하기 위해서는 6번의 회전이 있어야 한다.

17 [바이러스와 세균의 유전학, 난이도 상]

해설

ㄴ. 접합이 일어난 후 F⁻ 대장균은 F인자를 전체 받지 못하고 일부만 전달받아 Hfr 대장균으로 전환되지 않는다.

ㄷ. 접합이 일어날 때 도입되는데 걸린 시간이 짧을수록 먼저 들어간 유전자이므로,
   P 균주는 lip - pyrD - trp 순으로
   Q 균주는 tonA - lac - lip 순으로
   W 균주는 pheS - terC - trp
   (또는 trp - terC - pheS) 순으로 도입된다.
위 내용을 바탕으로 유전자 지도를 작성하면,
tonA - lac - lip - pyrD - trp - terC - pheS가 된다

18 [DNA 기술, 난이도 중]

해설

① 재조합을 할 때 플라스미드와 DNA에 같은 제한효소를 처리해야한다.

② 인슐린 유전자를 가진 대장균은 효소 A 유전자가 파괴되어 물질 X를 분해할 수 없다.

③ 재조합되지 않은 대장균은 군체를 형성하지 않는다.

④ 푸른색 군체를 형성하는 대장균은 자기 연결된 벡터를 가진다.

19 [동물계, 난이도 하]

해설

③ 개방 순환계를 가지고 있다.

20 [식물 생식과 조절, 난이도 상]

해설

ㄱ. 옥신에 의해 양성자 펌프가 자극된다.

ㄴ. 세포벽의 pH를 낮춰 익스팬신을 활성화시킨다.

제4회 최종 모의고사

01	02	03	04	05	06	07	08	09	10
④	③	④	④	②	②	④	③	④	①

11	12	13	14	15	16	17	18	19	20
③	①	②	①	①	④	①	④	④	③

01 [원자의 구조와 화학 결합, 난이도 하]

해설

ㄱ. 원자의 질량은 원자핵과 동일하다.

02 [생명체의 화학적 성분, 난이도 중]

해설

① 알파 나선 구조는 2차 구조에 기여한다.
② 소수성 상호 작용은 3차 구조에 기여한다.
④ 반데르발스 인력은 3차 구조에 기여한다.

03 [세포의 특성, 난이도 하]

해설

ㄷ. 중심체는 생체막이 아닌 단백질로 되어있다.

04 [세포막을 통한 물질의 이동, 난이도 중]

해설

ㄹ. 폐포의 기체 교환은 확산에 의한 작용이다.

05 [멘델의 유전자 개념, 난이도 중]

해설

② 상위유전은 하나의 유전자가 다른 유전자의 표현형을 바꾸는 현상이다.

06 [염색체와 유전 현상, 난이도 중]

해설

ㄷ. 어머니의 난자 형성 과정 중 감수2분열에서 비분리가 발생했다.

07 [동물의 조직, 난이도 하]

해설

④ 세포들의 그룹이다

08 [비타민 결핍증, 난이도 중]

해설

① B_2 ② B_5 ③ K ④ B_6

09 [소화의 장소, 난이도 하]

해설

ㄱ. 해면동물은 세포 내 소화를 한다.
ㄴ. ㄷ. 편형동물과 척추동물은 세포 외 소화를 한다.
ㄹ. 자포동물은 세포 내외 소화를 한다.

10 [소화효소, 난이도 하]

해설

① 아밀레이스는 이자액과 침에 함유되어있다.

11 [간의 작용, 난이도 하]

해설

③ 프로비타민을 저장한다.

12 [소화효소, 난이도 상]

해설

ㄴ. 렙틴은 지방조직에서 분비되고 뇌에 작용한다.
ㄷ. 그렐린은 위벽에서 분비된다.
ㄹ. 인슐린은 뇌에 작용한다.

13 [혈액의 구성, 난이도 중]

해설

① 혈액은 고형성분보다 액체성분인 혈장이 더 많은 비율을 차지한다.
③ EPO는 당단백질 호르몬이다.
④ 혈소판은 골수에서 생성되어 지라에서 파괴된다.

14 [오줌 생성의 조절, 난이도 하]

해설

① 항이뇨호르몬은 원위세뇨관과 집합관에서 수분의 재흡수를 촉진한다.

15 [생물의 분류, 난이도 중]

해설

ㄴ. 적조의 원인은 와편모조류이다.
ㄷ. 남세균은 엽록체가 없다.
ㄹ. 선태식물은 비종자 무관속 식물이다.

16 [개체군, 난이도 중]

해설

④ 밀도 비의존성 선택은 초기 사망률이 높다.

17 [환경오염, 난이도 하]

해설

BOD는 생물학적 산소 요구량으로 채수 즉시 측정한 DO−5일후 측정한 DO이므로 10 − 7 = 3ppm이다.

18 [식물 호르몬, 난이도 중]

해설

앱시스산은 생장 억제, 잎 노화 촉진, 기공 폐쇄, 종자 휴면을 유도 하는 기능을 가진다.

19 [인류의 진화, 난이도 하]

해설

호모 사피엔스를 인류의 직계 조상으로 보고 있다.

20 [세포호흡, 난이도 중]

해설

ㄱ. 해당과정에서 만들어지는 산물은 NADH이다.
ㄴ. 기질 수준 인산화는 해당과정에서 2몰, TCA회로에서 2몰이 만들어져 총 4몰이다.

제5회 최종 모의고사

01	02	03	04	05	06	07	08	09	10
③	④	②	④	③	③	④	②	③	④
11	12	13	14	15	16	17	18	19	20
④	③	③	③	②	④	③	①	②	③

01 [효소, 난이도 하]

해설

ㄹ. 주효소가 단백질 성분이기 때문에 열에 약하다.

02 [세포분열과 염색체, 난이도 중]

해설

ㄱ. G_1기 세포가 DNA 상대량을 2라고 한다면 감수 2분열 중기의 세포는 2이므로 서로 동일하다.
ㄷ. 코헤신은 감수분열과정에서 2가염색체를 만든다.

03 [연관과 교차, 난이도 하]

해설

② 감수 1분열 후기에 상동염색체가 분리된다.

04 [면역계, 난이도 하]

해설

④ MHC Ⅱ를 T세포에 제시하여 상호작용한다.

05 [혈액의 순환, 난이도 중]

해설

ㄱ. 동방 결절은 대정맥과 우심방 사이에 존재한다.
ㄴ. 방실 결절은 동방 결절을 통해 받은 흥분을 히스다발로 전달시키는 작용이다.

06 [신경계, 난이도 하]

해설

ㄱ. 소화의 조절 중추는 연수(C)이다.

07 [자극의 수용과 감각계, 난이도 중]

해설

ㄱ. $Na^+ - K^+$ 펌프는 항상 작동한다.
ㄴ. 막전위 변화인 탈분극에는 Na^+가 관여한다.
ㄷ. 자극의 상승을 억제시키는 기능이다.

08 [생식기관과 생식세포 형성, 난이도 하]

해설

레이디히 세포에서 테스토스테론을 분비한다.

09 [생태계의 구성, 난이도 하]

해설

A는 분해자, B는 생산자, C는 소비자이다.

10 [세포 골격과 세포간 연접, 난이도 중]

해설

ㄱ. 미세소관을 이용해 세포 소기관을 이동시키는 운동단백질로
는 키네신(kinesin)과 디네인(dynein)이 있는데 키네신은 미세
소관의 플러스 말단 쪽으로 물질을 이동시키며, 디네인
(dynein)은 마이너스 말단 쪽으로 물질을 잡고 미세소관을 타
고 이동한다.

ㄴ. 식물세포에서 액틴 – 마이오신 상호 작용과 액틴에 의한 졸
(sol) – 젤(gel) 전환 과정은 세포질 유동(cytoplasmic streaming)
에 관여한다.

ㄷ. 미세섬유와 중간섬유는 세포의 모양을 유지하는 장력에 저항
하고, 미세소관은 압력에 저항한다.

11 [세포의 신호 전달, 난이도 하]

해설

지용성 물질로 구성된 리간드는 세포막을 통과하기 때문에 세포
내부에 있는 수용체에 결합한다. 따라서 알도스테론은 세포내부
로 들어간다.

12 [세포호흡에서 생성되는 ATP, 난이도 하]

해설

• **기질 수준 인산화**: 해당과정을 통해 2ATP, TCA회로를 통해
2ATP

• **산화적 인산화**: 32ATP 중 4ATP를 제외한 나머지 28ATP이므
로 1 : 7이다.

13 [광합성, 난이도 중]

해설

ㄱ. 1차 전개액과 2차 전개액은 서로 다른 용매를 사용한다.

ㄴ. ㉠은 처음 만들어지는 3PG이고 ㉡은 나중에 만들어지는 포
도당이다. 3PG는 3개 탄소로 구성되어 있으며, 포도당은 6개
의 탄소로 구성되어 있다.

ㄷ. 90초에 G3P 형성 후 5분 뒤 포도당(㉡)이 형성되었다.

14 [유전자의 발현, 난이도 중]

해설

DNA복제와 RNA 스플라이싱은 핵에서 일어나고, 오페론은 원핵
세포에 있다.

15 [원핵세포의 유전자 발현 조절, 난이도 중]

해설

ㄱ. 조절 유전자는 항상 작동한다.

ㄷ. 오페론은 프로모터, 작동 부위, 구조 유전자로 구성되어 있다.
조절 유전자는 오페론에 포함되지 않는다.

16 [암의 유전학, 난이도 하]

해설

① 원발암 유전자는 돌연변이가 발생되어 발암 유전자가 되면 암
세포가 된다.

② 종양 억제 유전자는 활성이 약화되면 암이 발생한다.

③ *p53* 유전자는 종양 억제 유전자이다.

17 [생명의 기원, 난이도 하]

해설

원시대기(CH_4)상태 → 간단한 유기물 생성(아미노산) → 복잡한
유기물의 생성(폴리펩타이드) → 원시생명체의 기원(마이크로스피
어) → 종속영양 생물의 출현(무산소호흡 원핵생물) → 독립영양생
물의 출현(남세균) → 종속영양생물의 출현(팽이버섯)

18 [세균역과 고세균역, 난이도 상]

해설

• **그람양성균**: 포도상구균, 연쇄상구균, 탄저균, 방선균, 보툴리누
스균, 파상풍균

• **그람음성균**: 뿌리혹박테리아, 콜레라, 헬리코박터 파일로리, 황
세균

19 [식물의 조직과 기관, 난이도 중]

해설

① 형성층(측생분열조직)은 뿌리의 길이에 따라 뻗어있으며 세포
분열을 통해 물관과 체관을 만들며 부피생장을 일으킨다.

③ 유조직은 분열조직에서 유래되어 동물의 줄기세포 역할을
한다.

④ 후벽조직은 리그닌으로 이루어진 두꺼운 2차벽을 가지고 있다.

20 [식물의 수송과 영양, 난이도 중]

해설

ㄱ. 청색광수용체가 양성자펌프 활성을 자극한다.

ㄴ. 앱시스산은 수분스트레스에 반응하여 K^+채널을 열게 하여,
낮에 기공을 닫게 한다.

ㄹ. 암실에 식물을 두어도 기공은 일주기에 따라 개폐를 계속한다.

01	02	03	04	05	06	07	08	09	10
②	③	④	④	④	①	④	④	④	②
11	**12**	**13**	**14**	**15**	**16**	**17**	**18**	**19**	**20**
②	④	②	①	④	②	④	②	④	④

01 [세포의 특성, 난이도 상]

해설

10분에 관찰되는 B와 D 중에 B의 양이 더 많으므로 B가 D 보다 먼저 나타나고 이어서 D의 양이 증가하므로 B → D 순서이다. 또 D 이후에 60분에서 C의 양이 증가하고 따라서 A의 양이 증가하므로 순서는 C → A이다. 즉, B − D − C − A 순서로 리보솜 − 소포체 − 골지체 − 세포막 순서가 된다.

02 [세포호흡, 난이도 중]

해설

DNP는 짝풀림제로 수소이온이 빠져나가 수소 이온 농도 기울기가 형성되지 않아서 ATP가 합성되지 않는다. 따라서 해당과정의 2ATP와 시트르산 회로 2ATP로 총 4ATP가 생성된다.

03 [세포막을 통한 물질 이동, 난이도 상]

해설

ㄷ. 세포 내부가 세포 외액에 비해 포도당 농도가 높으므로 촉진 확산에 의해 밖으로 빠져나간다.

04 [효소, 난이도 중]

해설

ㄷ. 젖산 탈수소효소는 젖산을 산화 시킨다. NAD$^+$가 환원된다.

05 [생태계, 난이도 하]

해설

① (가)는 열대우림지역으로 식물의 다양성이 높다.
② (나)는 위도 30도 부근에 사막이 형성된다.
③ (다)는 온난한 낙엽활엽수림대이다.

06 [광합성, 난이도 중]

해설

ㄴ. 빛에너지가 직접 이용되는 것이 아니라 수소이온의 농도 기울기로 ATP가 생성된다.
ㄷ. 500nm파장에서도 안테나 색소에 의해 광합성이 일어난다.
ㄹ. 틸라코이드 내부에서 스트로마쪽으로 수소이온은 확산될 때 농도가 같아질 때 까지 이동하기 때문에 더 낮아지지는 않는다.

07 [생명과학 탐구, 난이도 상]

해설

ㄷ. 기존에 있던 난자의 mRNA와 첨가한 mRNA는 모두 단백질 A를 생성하지만 완전한 핵분열에 필요한 추가 물질에 대한 유전 정보가 난자의 mRNA에 있을 수 있다는 점을 시사한다. 따라서 그것이 무엇인지에 대한 추가 실험을 통해 밝힐 필요가 있다.

08 [물질대사, 난이도 하]

해설

주 에너지원인 탄수화물의 양을 줄이고 단백질을 집중적으로 먹게 되면 뇌로 공급되는 포도당의 양이 줄어 기능을 올바르게 하지 못한다. 따라서 인지기능에 문제가 발생한다. 또한 단백질의 질소에 의한 암모니아가 과량 발생할 수 있어 독성 산물을 중화시키기 위한 탈수 현상이 발생할 수 있다. 오르니틴은 암모니아를 요소로 전환하는 과정에서 ATP를 사용하게 되므로 암모니아의 양이 늘어난 만큼 ATP 소비가 증가할 수 있다.

09 [생태계의 구성, 난이도 중]

해설

수분 퍼텐셜이 점차 감소하는 것으로 보아 세포 내부의 물이 밖으로 삼투되어 나가고 있는 상황이다. 이때 압력 퍼텐셜이 0이 되는 지점부터 원형질 분리가 일어났다.
ㄱ. 물이 빠져 나가고 있으므로 고장액에 넣었다.
ㄴ. 수분 퍼텐셜이 감소하고 있으므로 세포 내부의 물이 감소하고 있다.
ㄷ. 0.85 지점에서 압력 퍼텐셜이 0이므로 세포막과 세포벽이 분리되었다.

10 [생태계, 난이도 하]

해설

$30 / x = 6 / 30$ $6x = 900$
$x = 150$

11 [분류, 난이도 중]

해설

- **그룹A**: 속씨식물(현화식물)
- **그룹B**: 종자식물
- **그룹C**: 관다발 식물
- **그룹D**: 육상식물

따라서 그룹A인 속씨식물의 공유파생형질은 꽃, 열매, 중복수정이 해당된다. ㄴ은 그룹D, ㅁ은 그룹C이다.

12 [순환계, 난이도 상]

ㄱ. 심근 세포의 활동 전위에서 탈분극이 일어날 때 나트륨이온이 유입되고 이때 칼슘이온 통로가 서서히 열리면서 재분극이 즉시 일어나지 않고 서서히 유지되는 현상이 나타난다. 이를 정체기라고 부른다.

ㄴ. 동방결절의 박동원 세포의 영향으로 심근세포가 탈분극 된다.

ㄷ. 심근의 수축이 일어나면 정체기에 추가적인 활동전위가 들어와도 심장 수축에 영향을 주지 않아 불응기가 발생한다. 이로 인해 심장의 추가적인 수축 없이 심방, 심실의 수축 과정이 정상적으로 순환하게 된다.

13 [호르몬, 난이도 중]

ㄱ. 엔도텔린에 의한 영향은 혈관을 수축시킨다.

ㄷ. 노르에피네프린의 분비는 위장 소동맥을 수축시켜 혈류 공급량을 줄어들게 한다.

14 [동물의 발생, 난이도 중]

ㄷ. 2세포기와 4세포기 모두 경할이 일어난다.

15 [광합성, 난이도 하]

광호흡은 무덥고 햇빛이 강한 날씨에 기공을 닫으며 일어난다.

16 [지질시대, 난이도 중]

ㄱ. 시생이언에는 최초의 원핵 생물이 출현하였다.

ㄷ. 중생대 쥐라기에 겉씨식물이 번성하였다. 겉씨식물은 이미 고생대에 출현하였다.

ㄹ. 운석 충돌로 인한 대멸종은 백악기 대멸종이다. 페름기 대멸종은 화산폭발로 인한 멸종이다.

17 [바이러스, 난이도 상]

ㄱ. 면역세포 활성화로 항체를 생산하게 되면 기억세포를 만들게 되는 것이므로 2차 면역 반응을 유도하는 것이다.

ㄴ. 경쟁적 저해제는 효소에 대한 기질의 경쟁이고, 재조합 ACE2 전략은 기질에 대한 효소의 경쟁이므로 원리가 비슷하다.

ㄷ. 사스바이러스와 COVID-19는 모두 코로나 바이러스이므로 이들의 유사성을 이용해 백신을 만드는 것이다.

18 [기관계, 난이도 중]

㉠ 독성을 제거한다.

㉡ 항상성 유지에 관여한다.

㉢ 교감 신경의 영향을 받는다.

A: 간, B: 심장, C: 위

ㄷ. 세크레틴은 십이지장에서 분비된다.

19 [식물의 생장, 난이도 상]

④ 발생 초기의 운명 결정은 혈통기반설을 바탕으로 하고, 마지막 세포의 위치에 따라 결정되는 것은 위치기반설이다.

20 [유전자 발현, 난이도 중]

- 가닥 Ⅰ 로부터 만들어진 mRNA
  3′-GAU AUC UUU GGG GGC GUA-5′
  종결 - 류신 - 페닐알라닌 - 글라이신 - 아르지닌 - 메싸이오닌
- 가닥 Ⅱ 로부터 만들어진 mRNA
  5′-CUA UAG AAA CCC CCG CAU-3′
  류신 - 종결

따라서 5개의 아미노산을 포함하는 가닥 Ⅰ 로부터 생성된 가닥이 ㉡이다.

ㄱ. 주형가닥 = mRNA와 상보적 가닥 = 안티센스 가닥

ㄴ. 성인 필수 아미노산은 류신, 라이신, 아이소류신, 페닐알라닌, 발린, 메싸이오닌, 트레오닌, 트립토판이다.

ㄷ. 양전하 극성 아미노산은 아르지닌, 히스티닌, 라이신이다.

01	02	03	04	05	06	07	08	09	10
②	①	②	③	④	①	①	④	④	②
11	12	13	14	15	16	17	18	19	20
②	②	②	②	④	①	④	③	④	④

01 [세포의 구조, 난이도 상]

해설

ㄴ. 균류의 세포벽은 N-아세틸글루코사민으로 이루어져 있다.
ㄷ. 라이소자임은 세균의 세포벽인 펩티도글리칸을 분해시킨다.

02 [생명체의 화학적 성분, 난이도 중]

해설

ㄱ. 동물성 에너지 저장 탄수화물에는 글리코젠이 있다.
ㄷ. 아밀로오스와 아밀로펙틴의 차이는 곁가지의 유무이다.
ㄹ. 녹말에는 아밀로오스와 아밀로펙틴이 있으며, 아밀로오스는 곁가지가 없다.

03 [세균역과 고세균역, 난이도 중]

해설

ㄱ, ㄹ, ㅁ은 진핵세포의 특징이다.
ㅂ은 진정세균과 진핵세포의 특징이다.

04 [식물 호르몬, 난이도 중]

해설

③ 옥신에 의해 세포벽의 pH는 감소한다.

05 [광합성, 난이도 중]

해설

④ 캘빈회로에 의해 직접 만들어지는 탄수화물은 G3P이다.

06 [광합성, 난이도 중]

해설

① C_3식물은 C_4식물보다 CO_2 보상점이 높다.

07 [세포분열, 난이도 상]

해설

ㄷ. 사이토칼라신B는 미세섬유가 관여하는 세포운동을 저해한다.

08 [돌연변이, 난이도 상]

해설

돌연변이 A는 전사가 일어나지 않으므로 프로모터에 문제가 발생해 전사조차 되지 않는 것으로 추론할 수 있다.
돌연변이 B는 정상 단백질이 생성되지 않는 것이므로 정지코돈을 만드는 정지 돌연변이, 과오 돌연변이, 틀이동 돌연변이 중 하나이다. 그중 과오 돌연변이로 낫모양 적혈구 빈혈증이 나타날 수 있다.
돌연변이 C는 정상 단백질을 생성하므로 침묵 돌연변이이다. 따라서 정지코돈을 만드는 경우는 정지 돌연변이이므로 B이다.
정지코돈을 만드는 경우 전사는 일어날 수 있으므로 ④는 틀린 설명이다.

09 [세포호흡, 난이도 하]

해설

⊙은 NADH, ⓒ는 $FADH_2$, ⓒ은 O_2이다.

10 [면역, 난이도 중]

해설

바이러스가 면역 회피를 할 때 다른 바이러스와 닮는다고 한들 항체에 의해 제거 될 수 있기 때문에 회피가 어렵다.

11 [식물, 난이도 상]

해설

내생균근은 식물 뿌리 세포벽을 뚫고 세포막은 뚫지 않는다.

12 [호르몬, 난이도 중]

해설

직접 물질을 방출하는 것이 아니라 뇌하수체의 전엽에는 문맥으로 동해 내분비세포에 영향을 주고 후엽은 신경호르몬에 의한 분비로 이루어진다.

13 [군집 상호작용, 난이도 중]

해설

경계색은 색깔로 경고를 주는 것으로 매우 눈에 띄고 밝은 색을 이용하지만 보호색은 위장의 개념으로 몸을 숨겨서 포식자를 피하는 방법이다.

14 [신경계, 난이도 중]

해설

중뇌는 안구운동, 동공반사, 홍채 조절의 기능을 가진다. 시상은 대뇌로 향하는 정보를 분류하고 중계한다.

15 [생태계 보전, 난이도 중]

해설

개체군을 유지하는 최소 개체군이 적어지면 개체들이 급격히 감소한다. 이를 절멸의 소용돌이라고 하고 개체 수가 적어서 유전적 부동과 교배할 개체가 없다보니 자연스럽게 근친교배가 일어난다.

16 [생식과 발생, 난이도 중]

해설

ㄴ. 운동능력은 부정소에서 부여받는다.

ㄷ. LH의 급격한 증가는 난소의 배란을 촉진한다. A에서 B가 되는 과정에는 여포자극 호르몬이 관여한다.

17 [가계도 분석, 난이도 상]

해설

ㄴ. II − 3은 III − 2가 태어난 것을 통해 유전자 O를 넘겨주었으므로 BO형을 가진다.

ㄷ. III − 3은 아버지로부터 A와 정상X 유전자를, 어머니로부터 B와 정상X 유전자를 받았지만 유전병에 걸렸으므로 아버지의 정자로부터 유전병 유전자를 추가로 받았다. 따라서 아버지가 비분리가 일어난 정자를 가진다.

18 [mRNA의 전사, 난이도 하]

해설

$5' - CCATGG - 3'$ 또는 $3' - GGTACC - 5'$

19 [동물의 분류, 난이도 중]

해설

① 마디가 있는 다리가 있다.

② 개방순환계를 갖는다.

③ 수관계는 극피동물의 호흡기와 순환기이다.

20 [호르몬, 난이도 중]

해설

㉠ (가)에서 a와 C가, A와 c가 상반 연관되어 있다.

㉢ Bb와 Cc는 독립이다.

제8회 최종 모의고사

01	02	03	04	05	06	07	08	09	10
③	③	①	②	④	②	④	②	①	②
11	12	13	14	15	16	17	18	19	20
②	①	④	④	④	①	①	①	④	②

01 [세균과 고세균의 차이, 난이도 상]

해설

극호열성 세균은 고세균, 트라코마균은 그람 음성균, 마이코플라즈마는 그람 양성균이다.

① 고세균과 음성균은 서로 다른 종류의 세포벽을 가진다.

② 고세균은 인트론이 있고, 양성균은 없다.

③ 둘 다 포밀메싸이오닌을 가진다.

④ 마이코플라즈마만 그람 양성균이다.

02 [식물의 구조, 난이도 중]

해설

ㄴ. 코르크형성층과 코르크를 주피라고 한다. 수피는 2기 체관부까지를 포함한다.

03 [핵산, 난이도 상]

해설

아데닌을 x, 구아닌을 y라 했을 때, $x + y = 50$이다.

아데닌은 2중 결합, 구아닌은 3중 결합이므로 $2x + 3y = 130$이다.

→ $x = 50 - y$

→ $2(50 - y) + 3y = 130$

→ $100 - 2y + 3y = 130$

→ $100 + y = 130$

→ 구아닌 $y = 30$

→ 아데닌 $x = 20$

따라서 타이민은 20%이다.

04 [근육, 난이도 중]

해설

ㄱ. 근육 원섬유마디는 세포가 아니다.

ㄷ. ㉢은 t_1보다 t_2에서 길이가 감소한다.

05 [세포주기, 난이도 중]

해설

ㄴ. (나)는 염색사로 풀려있는 형태이므로 분열기인 M기에서는 관찰되지 않는다.

06 [세포호흡 기질, 난이도 중]

글리세롤은 해당과정의 G3P로 들어가고 지방산은 각 탄소 2분자 짜리로 분해되어 여러 개의 아세틸 CoA가 된다.

07 [세포주기, 난이도 중]

해설

ㄴ. (가)는 전자전달 복합체 1, 3, 4를 모두 지나고, (나)는 3, 4만 지나므로 양성자 펌핑은 (가)가 더 많다.

08 [세포분열, 난이도 중]

해설

이 동물의 핵상은 $2n=80$이므로 체세포 분열 중기의 세포 1개당 염색체 수는 8개이다.

09 [계통수, 난이도 중]

해설

@는 의체강(원체강)동물로 중배엽과 내배엽으로 둘러싸여있다. 탈피동물은 선형동물과 절지동물이다. 선형동물은 의체강이다.

10 [여성의 생식주기, 난이도 중]

해설

여성 A는 임신을 하지 않았고 여성 B는 임신을 했다. 따라서 여성 A는 황체가 지속적으로 유지 되지 않고 퇴화한다. 여성B는 태반을 통해 에스트로겐과 프로제스테론이 분비되면서 분만 때까지 증가한다. 여성 B는 배란이 더 이상 일어나지 않으므로 황체 형성 호르몬의 급등현상을 일어나지 않는다.

11 [생명의 기원, 난이도 하]

해설

㉠은 환원성 기체이다. 산소의 농도는 남세균의 등장 이후 점차 증가했다.

12 [멘델의 유전법칙, 난이도 중]

해설

R_T_ : R_tt : rrT_ : rrtt = 400 : 200 : 200 : 00이므로 2 : 1 : 1 : 0 이다. R과 t가 연관되어 있다. R_T_Y_ 중 R_T_에서의 유전자형은 RrTt만 나온다. 따라서 부모의 유전자형인 RrTt가 나올 확률은 1 이다. Y_에서 유전자형은 YY와 Yy 두 종류 중에 Yy가 나올 확률 은 $\frac{2}{3}$이다.

13 [균류, 난이도 중]

해설

자낭균류는 푸른곰팡이, 누룩곰팡이, 붉은빵곰팡이, 효모가 대표적인 예시이다. 푸른빵곰팡이란 건 없다.

14 [면역계, 난이도 상]

해설

MHC 유형이 동일하면서 동시에 성별도 동일해야 이식 거부 반응이 일어나지 않는 다는 것을 나타내는 실험이다. 또한 진균에서 추출한 사이클로스포린은 콜레스테롤의 수치를 낮추고 조직, 기관의 이식후 거부 반응을 일으키지 않도록 면역 억제제로 사용된다.

15 [광합성, 난이도 중]

해설

전개율 $=\dfrac{\text{색소의 이동거리}}{\text{전개액의 이동거리}}$ 이므로 $\dfrac{12}{30}=0.4$이다. ㉠과 ㉡은 각각 엽록소 a, 엽록소 b이다. 카로틴은 프로비타민 A, 에르고스테롤은 프로비타민 D이다.

16 [DNA기술, 난이도 중]

해설

ㄷ. 주형 DNA가 3분자이므로 3×2^{20}이다.
ㄹ. 고세균이 아니라 박테리아(진정세균)이다.

17 [하디-바인베르크 법칙, 난이도 상]

해설

t_1 : $5000-3200=1800$

$R^*R^* = 1800 / 5000 = 18/50 = \sqrt{0.36} = 0.6 = q$

$\therefore p = 0.4$

멘델 집단을 만족하므로 t2일 때의 빈도 또한 똑같다. 하지만 수만 2배로 늘어났으므로 $3200 \times 2 = 6400$마리이다.

흰 눈 수컷이 자손에게 흰눈 유전자를 줄 확률은 $\frac{1}{2}$이고, 붉은 눈 암컷이 흰눈 자손을 낳으려면 R^*을 가진 개체여야 하므로

$\dfrac{2pq}{p^2+2pq} = \dfrac{2\times0.4\times0.6}{0.4^2+2\times0.4\times0.6} = \dfrac{3}{4}$ 가 된다. 따라서 붉은 눈 암컷이 선택될 확률은 $\frac{3}{4}$이고 R^*을 가진 X를 줄 확률은 $\frac{1}{2}$이므로

$\dfrac{1}{2} \times \dfrac{3}{4} \times \dfrac{1}{2} = \dfrac{3}{16}$이다.

18 [시각의 성립, 난이도 중]

해설

ㄷ. 수평 세포는 광수용기 세포 및 쌍극세포와 시냅스를 이루고 명암차이를 선명하게 한다.
ㄹ. 아마크린 세포는 쌍극세포와 신경절 세포와 시냅스를 형성하고 빛 자극에 민감해지도록 유지한다.

19 [생태계 평형, 난이도 하]

해설

동적 안정 가설은 긴 먹이 사슬은 교란에 직면했을 때 불안정하여 단절될 수 있기 때문에 먹이사슬의 길이가 제한되어 짧은 먹이 사슬이 더 안정하다는 가설이다.

20 [식물의 생리작용, 난이도 중]

해설

피토크롬은 주로 적색광을 흡수하는 광수용체이다. 암조건에서 자란 식물은 Pr 형으로 존재하다가 낮에 적색광(660nm)을 흡수하면 Pfr형으로 전환되면서 생리적 활성을 나타낸다. 하지만 밤에 근적외선(730nm)을 흡수하면 다시 Pr형으로 전환된다. 따라서 인위적으로 적색광 다음에 근적외선을 비추면 앞서 비추었던 적색광의 활성을 지우는 기능을 하는 것이다.

또한 Pfr형은 핵 내로 이동해 유전자 발현을 조절하여 개화를 촉진시키는 기능을 한다.

ㄴ. 단일 식물은 적색광을 비추면 개화하지 않는다.

ㄷ. 순서를 근적외선광 이후에 적색광을 비추면 적색광 형태로 남아 개화하지 않는다.

제9회 최종 모의고사

01	02	03	04	05	06	07	08	09	10
③	④	①	②	②	②	②	③	①	①
11	12	13	14	15	16	17	18	19	20
①	①	③	②	③	①	③	③	①	②

01 [생명체의 화학적 성분. 난이도 하]

해설

핵산의 구성 원소는 C, H, O, N, P이므로 S는 DNA복제정도를 알 수 없다.

02 [생명체의 화학적 성분. 난이도 중]

해설

물이 얼면 수소결합이 더 많이 생기므로 물 분자들이 액체일 때보다 멀리 떨어져서 부피가 커지고 밀도가 작아지기 때문이다.

03 [생명체의 화학적 성분. 난이도 상]

해설

ㄴ. 콜라겐은 당단백질로서 아교질섬유나 세망섬유와 같은 결합조직을 구성하는 섬유이다.

ㄷ. 펩타이드 결합이 끊어지면 변성된 것이 아니고 단백질이라고 하지 않는다.

ㄹ. 단백질의 2차구조는 =N-H기와 =C=O기 사이에 수소결합에 의해서 유지된다.

04 [세포의 특성. 난이도 하]

해설

ㄱ. 리소좀에는 가수분해효소가 있어서 세포 내 소화를 담당한다.

ㄴ. 미토콘드리아에 호흡효소가 들어 있으므로 세포호흡장소이다.

ㄷ. 원핵세포에서는 리소좀과 미토콘드리아가 관찰되지 않는다.

05 [세포의 특성. 난이도 중]

해설

접안 마이크로미터 1눈금의 길이$=\dfrac{3}{12}\times10=2.5\mu$m이다.

그런데 대물렌즈 배율을 2배로 높였으므로 접안 마이크로미터 1눈금의 길이는 $\dfrac{1}{2}$로 감소해서 1.25μm가 된다. 따라서 짚신벌레의 크기는 1.25μm×20눈금=25μm이다.

06 [유전자의 본질. 난이도 중]

해설

에이버리에 의해서 형질전환 시키는 유전자의 본질은 DNA임이 밝혀졌다.

07 [유기호흡. 난이도 상]

해설

㉠을 처리하면 막 사이 공간에서 기질로 H^+이 이동하지 못하므로 전자 전달이 억제되고 산소가 소비되지 않는다. 따라서 A는 올리고마이신이다.

㉡을 처리하면 막 내외의 H^+농도 기울기가 감소하므로 전자 전달과 NAD^+의 환원이 일어나서 산소가 소비된다. 따라서 B는 DNP이다.

08 [광합성. 난이도 상]

해설

㉠과정은 물의 광분해로 방출된 전자가 전자 전달계와 광계 I (P_{700})을 거쳐 $NADP^+$에 전달되는 과정이다. ㉠과정에서 전자가 이동할 때 전자의 에너지에 의해 스트로마에 있는 H^+이 틸라코이드 내부로 능동 수송된다. ㉡과정이 억제되면 NADPH의 생성이 억제되어 스트로마에서 3PG가 G3P로 전환되는 반응이 억제되므로 3PG의양은 증가하고 G3P의양은 감소한다.

09 [연관과 교차. 난이도 상]

해설

AB : Ab : aB : ab = 9 : 3 : 3 : 1
BD : Bd : bD : bd = 9 : 3 : 3 : 1
AD : Ad : aD : ad = 3 : 0 : 0 : 1이므로 A와 D는 상인연관이고, B는 독립되어 있다. 따라서 (가)에서 만들어지는 생식 세포는 ABD, AbD, aBd, abd이다.

10 [진화. 난이도 상]

해설

집단 내에서 유전병 환자는 열성이며, 100명 중 1명꼴로 나타나므로 $q^2 = \dfrac{1}{100}$이다. 따라서 $q = \dfrac{1}{10}$이고 $p = \dfrac{9}{10}$이다. (가)는 유전자형이 Aa이므로, 유전자형이 Aa인 남자(가)와 정상인 여자(나) 사이에서 유전병을 가진 아이가 태어나려면 (나)의 유전자형이 Aa이어야 한다.

임의의 정상여인인 (나)가 Aa일 확률은 $\dfrac{2pq}{p^2 + 2pq} = \dfrac{2}{11}$이다. 다음으로 (가)Aa와 (나)Aa사이에서 유전병인 자녀가 태어날 확률은 $\dfrac{1}{4}$이다. 따라서 확률은 $\dfrac{2}{11} \times \dfrac{1}{4} = \dfrac{1}{22}$이다.

11 [원핵세포의 유전자발현 조절. 난이도 중]

해설

② 구조유전자들은 서로 다른 단백질들을 암호화하고 있다.
③ repressor는 억제물질이다.
④ operator 부위에 결합된 repressor는 구조유전자들의 전사를 억제한다.

12 [DNA기술과 유전체학. 난이도 하]

해설

STR, VNTR부위는 유전자 프로파일링에 사용한다.

13 [동물계. 난이도 하]

해설

자포동물은 자포를 발사하여 먹이를 잡는다.

14 [조직과 기관. 난이도 하]

해설

A와 C는 조직, B와 D는 기관이며, 혈관은 기관(순환기관)이다.

15 [여성의 생식주기. 난이도 중]

해설

ㄷ. 임신 여부는 hCG로 확인한다.

16 [면역. 난이도 중]

해설

ㄴ. X와 Z는 1차 면역, Y는 2차 면역이라고 한다.
ㄷ. 항원A의 2차 감염 시에 Y와 같이 더 많은 항체가 생성된 것은 기억세포가 형성되었기 때문이다.

17 [식물의 생장과 조절. 난이도 하]

해설

셀룰로스인 미세섬유가 방사상으로 배열되어 있으며 늘어나거나 줄어들지 않기 때문에 기공이 열린다.

18 [식물의 생장과 조절. 난이도 하]

해설

발아촉진에 관여하며, 줄기의 신장, 잎의 생장을 촉진하는 식물의 호르몬은 지베렐린이다.

19 [군집. 난이도 중]

해설

극상에 다다르면 K – 선택종이 우점종으로 되며 음수림이 극상을 이루기 때문에 잎의 평균 두께가 얇아지고 잎의 면적은 넓어진다.

20 [생태계 평형. 난이도 하]

해설

에너지 효율과 생물 농축도는 상위영양단계로 갈수록 증가한다.

제10회 최종 모의고사

01	02	03	04	05	06	07	08	09	10
④	③	④	①	②	④	②	③	③	④
11	12	13	14	15	16	17	18	19	20
②	④	③	④	②	②	②	③	①	③

01 [생물의 구성 물질, 난이도 하]

해설

왁스는 지방산과 알코올이 결합된 지질로 지방보다 소수성이 더 강하여 사과나 배와 같은 과일 표면의 피막을 형성하며 곤충도 두꺼운 왁스층을 갖고 있어 건조로부터 보호한다.

02 [생명체의 화학적 성분, 난이도 중]

해설

아미노기만 갖는 화합물을 아민이라 한다.

03 [효소, 난이도 중]

해설

광합성은 동화작용이므로 양의 ΔG값을 갖는다.

04 [멘델의 유전자 개념, 난이도 하]

해설

2개의 대립 유전자가 표현형에 각각 향을 미치는 경우를 공동 우성이라 한다.

05 [소화와 흡수, 난이도 중]

해설

① 위에서 단백질이 폴리펩타이드 까지만 소화된다.
③ 양분의 흡수는 소장전체에서 이루어진다.
④ 장액에는 지방 소화효소는 없다.

06 [염색체와 유전현상, 난이도 상]

해설

F_1의 A형은 AO이고 B형은 BB이거나 BO이므로
(1) AO가 BB와 만나서(1/2) 자녀가 AB형일 확률(1/2)이므로 X의
    혈액형이 AB형일 확률은 1/2 × 1/2 = 1/4
(2) AO가 BO와 만나서(1/2) 자녀가 AB형일 확률(1/4)이므로 X의
    혈액형이 AB형일 확률은 1/2 × 1/4 = 1/8
따라서 1/4 + 1/8 = 3/8

07 [광합성, 난이도 상]

해설

ㄱ. NADP$^+$는 전자를 암반응에 이동시키는 역할을 한다.
ㄷ. NADP$^+$는 산화형이다.
ㄹ. NADPH는 환원형이다.

08 [세포주기, 난이도 상]

해설

사이클린B와 CdK1복합체는 G_2기에서 M기로 진행하는 데 필요한 단백질을 인산화시킨다.

09 [유전자에서 단백질 합성, 난이도 중]

해설

DNA염기서열이 5′–AGCCTA–3′이면 m—RNA염기서열은 3′–UCGGAU–5′이므로 t—RNA의 염기서열은 5′–AGCCUA–3′이다.

10 [면역계, 난이도 중]

해설

Ⅰ형 MHC와 CD8의 기능은 Ⅱ형 MHC와 CD4의 기능과 유사하다.

11 [호흡, 난이도 하]

해설

모체의 헤모글로빈보다 태아의 헤모글로빈이 산소에 대한 친화력이 커야 모체에서 태아에게로 산소가 공급된다.

12 [동물의 발생, 난이도 중]

해설

췌장(이자)과 방광은 내배엽에서 발생된다.

13 [자극의 수용과 감각기관, 난이도 상]

해설

활성화된 PDE는 cGMP를 GMP로 가수분해하여 cGMP를 Na통로로부터 분리시킨다.

14 [진화, 난이도 중]

해설

$q^2 = \dfrac{2}{5000}$ 이므로 $q = \dfrac{1}{50}$
따라서 보인자 = 2pq = 3.92%이다.

15 [동물계, 난이도 중]

해설

변형세포는 해면동물, 섬모환은 윤형동물, 탈피동물은 선형동물과 절지동물이다.

16 [진핵세포의 유전자 발현 조절. 난이도 상]

해설

유전자 내 또는 유전자 간의 엑손 바꿔치기를 엑손 셔플링이라 하는데 이 과정을 통해서 새로운 기능의 단백질을 만들어 낼 수 있다.

17 [호르몬. 난이도 하]

해설

부갑상샘 호르몬인 파라토르몬은 혈액의 칼슘농도를 증가시킨다.

18 [생태계 평형. 난이도 중]

해설

식물은 토양으로부터 질산염이나 암모늄염형태의 형태로 질소를 흡수한다.

19 [편모. 난이도 중]

해설

진핵생물은 디네인과 미세소관으로 구성되어 있고 원핵생물은 플라젤린 단백질로 구성되어 있다.
② 기저체는 9 + 0이다.
③ 플라젤린이다.
④ 키네신은 진핵생물의 운동 단백질이다.

20 [호흡. 난이도 중]

해설

A는 1회 호흡량, B는 예비흡기량, C는 잔기량이다.
B는 최대로 마실 수 있는 호흡량이다.
C는 폐 속에 남아 있는 공기량이다.

( )년 ○○공무원 ○급 공개경쟁채용 필기시험 답안지

컴퓨터용 흑색싸인펜만 사용

책형	

(필적감정용 기재)
*아래 예시문을 옮겨 적으시오.

본인은 ○○○(응시자성명)임을 확인함

기 재 란

성명	
자필성명	본인 성명 기재
응시직렬	
응시지역	
시험장소	

응시번호

0	0	0	0	0	0	0	
1	1	1	1	1	1	1	
2	2	2	2	2	2	2	
3	3	3	3	3	3	3	
4	4	4	4	4	4	4	
5	5	5	5	5	5	5	
6	6	6	6	6	6	6	6
7	7	7	7	7	7	7	7
8	8	8	8	8	8	8	
9	9	9	9	9	9	9	

생년월일

0	0	0		0	
1	1	1	1	1	
2	2	2	2	2	
3	3	3		3	
4	4	4		4	
5	5	5		5	5
6	6	6		6	6
7	7	7		7	7
8	8	8		8	8
9	9	9			

※ 시험감독관 서명
(성명을 정자로 기재할 것)

적색 볼펜만 사용

제 회

문번	①	②	③	④
1	①	②	③	④
2	①	②	③	④
3	①	②	③	④
4	①	②	③	④
5	①	②	③	④
6	①	②	③	④
7	①	②	③	④
8	①	②	③	④
9	①	②	③	④
10	①	②	③	④
11	①	②	③	④
12	①	②	③	④
13	①	②	③	④
14	①	②	③	④
15	①	②	③	④
16	①	②	③	④
17	①	②	③	④
18	①	②	③	④
19	①	②	③	④
20	①	②	③	④

제 회

문번	①	②	③	④
1	①	②	③	④
2	①	②	③	④
3	①	②	③	④
4	①	②	③	④
5	①	②	③	④
6	①	②	③	④
7	①	②	③	④
8	①	②	③	④
9	①	②	③	④
10	①	②	③	④
11	①	②	③	④
12	①	②	③	④
13	①	②	③	④
14	①	②	③	④
15	①	②	③	④
16	①	②	③	④
17	①	②	③	④
18	①	②	③	④
19	①	②	③	④
20	①	②	③	④

제 회

문번	①	②	③	④
1	①	②	③	④
2	①	②	③	④
3	①	②	③	④
4	①	②	③	④
5	①	②	③	④
6	①	②	③	④
7	①	②	③	④
8	①	②	③	④
9	①	②	③	④
10	①	②	③	④
11	①	②	③	④
12	①	②	③	④
13	①	②	③	④
14	①	②	③	④
15	①	②	③	④
16	①	②	③	④
17	①	②	③	④
18	①	②	③	④
19	①	②	③	④
20	①	②	③	④

제 회

문번	①	②	③	④
1	①	②	③	④
2	①	②	③	④
3	①	②	③	④
4	①	②	③	④
5	①	②	③	④
6	①	②	③	④
7	①	②	③	④
8	①	②	③	④
9	①	②	③	④
10	①	②	③	④
11	①	②	③	④
12	①	②	③	④
13	①	②	③	④
14	①	②	③	④
15	①	②	③	④
16	①	②	③	④
17	①	②	③	④
18	①	②	③	④
19	①	②	③	④
20	①	②	③	④

제 회

문번	①	②	③	④
1	①	②	③	④
2	①	②	③	④
3	①	②	③	④
4	①	②	③	④
5	①	②	③	④
6	①	②	③	④
7	①	②	③	④
8	①	②	③	④
9	①	②	③	④
10	①	②	③	④
11	①	②	③	④
12	①	②	③	④
13	①	②	③	④
14	①	②	③	④
15	①	②	③	④
16	①	②	③	④
17	①	②	③	④
18	①	②	③	④
19	①	②	③	④
20	①	②	③	④

( )년 ○○공무원 ○급 공개경쟁채용 필기시험 답안지

컴퓨터용 흑색싸인펜만 사용

| 책형 | |

(필적감정용 기재)
*아래 예시문을 옮겨 적으시오.

본인은 ○○○(응시자성명)임을 확인함

기 재 란

성명	
자필성명	본인 성명 기재
응시직렬	
응시지역	
시험장소	

응시번호

생년월일

문번	제 회
1	① ② ③ ④
2	① ② ③ ④
3	① ② ③ ④
4	① ② ③ ④
5	① ② ③ ④
6	① ② ③ ④
7	① ② ③ ④
8	① ② ③ ④
9	① ② ③ ④
10	① ② ③ ④
11	① ② ③ ④
12	① ② ③ ④
13	① ② ③ ④
14	① ② ③ ④
15	① ② ③ ④
16	① ② ③ ④
17	① ② ③ ④
18	① ② ③ ④
19	① ② ③ ④
20	① ② ③ ④

문번	제 회
1	① ② ③ ④
2	① ② ③ ④
3	① ② ③ ④
4	① ② ③ ④
5	① ② ③ ④
6	① ② ③ ④
7	① ② ③ ④
8	① ② ③ ④
9	① ② ③ ④
10	① ② ③ ④
11	① ② ③ ④
12	① ② ③ ④
13	① ② ③ ④
14	① ② ③ ④
15	① ② ③ ④
16	① ② ③ ④
17	① ② ③ ④
18	① ② ③ ④
19	① ② ③ ④
20	① ② ③ ④

문번	제 회
1	① ② ③ ④
2	① ② ③ ④
3	① ② ③ ④
4	① ② ③ ④
5	① ② ③ ④
6	① ② ③ ④
7	① ② ③ ④
8	① ② ③ ④
9	① ② ③ ④
10	① ② ③ ④
11	① ② ③ ④
12	① ② ③ ④
13	① ② ③ ④
14	① ② ③ ④
15	① ② ③ ④
16	① ② ③ ④
17	① ② ③ ④
18	① ② ③ ④
19	① ② ③ ④
20	① ② ③ ④

문번	제 회
1	① ② ③ ④
2	① ② ③ ④
3	① ② ③ ④
4	① ② ③ ④
5	① ② ③ ④
6	① ② ③ ④
7	① ② ③ ④
8	① ② ③ ④
9	① ② ③ ④
10	① ② ③ ④
11	① ② ③ ④
12	① ② ③ ④
13	① ② ③ ④
14	① ② ③ ④
15	① ② ③ ④
16	① ② ③ ④
17	① ② ③ ④
18	① ② ③ ④
19	① ② ③ ④
20	① ② ③ ④

문번	제 회
1	① ② ③ ④
2	① ② ③ ④
3	① ② ③ ④
4	① ② ③ ④
5	① ② ③ ④
6	① ② ③ ④
7	① ② ③ ④
8	① ② ③ ④
9	① ② ③ ④
10	① ② ③ ④
11	① ② ③ ④
12	① ② ③ ④
13	① ② ③ ④
14	① ② ③ ④
15	① ② ③ ④
16	① ② ③ ④
17	① ② ③ ④
18	① ② ③ ④
19	① ② ③ ④
20	① ② ③ ④